Introdução à Segunda Epístola aos Coríntios

Introdução à Segunda Epístola aos Coríntios

sob a supervisão de
Richard P. Thompson

Essenciais Teológicos

©Digital Theological Library 2025
©Biblioteca Teológica Digital 2025

Library of Congress Cataloging-in-Publication Data
Dados de Catalogação na Publicação da Biblioteca do Congresso del Congreso

Richard P. Thompson (criador).
[Introduction to Second Corinthians/ Richard P. Thompson]
Introdução à Segunda Epístola aos Coríntios / Richard P. Thompson
100 + xi pp. cm. 12.7 x 20.32
ISBN 979-8-89731-104-0 (imprimir livro)
ISBN 979-8-89731-106-4 (livro eletrônico)
ISBN 979-8-89731-113-2 (Kindle)
  1. Bíblia. Coríntios, 2ª — Crítica, interpretação, etc.
  2. Bíblia. Coríntios, 2ª — Introduções.
BS2685.52 .T4619 2025a
Este livro está disponível em vários idiomas em www.DTLPress.com

Imagem portada: Coríntios lendo uma carta de Paulo.
Crédito da foto: equipe do DTL, usando Inteligência Artificial (IA)

Sumário

Prefácio da Série	*vii*
Introdução	*1*
Autoria e Identidade Paulina	*9*
Composição e Unidade Literária	*17*
Contexto Histórico e Social	*25*
Opositores e Autoridade Apostólica	*33*
Estrutura e Características Literárias	*41*
Principais temas teológicos	*49*
A Coleção de Jerusalém (Capítulos 8–9)	*59*
Comparação com 1 Coríntios	*69*
2 Coríntios no Corpus Paulino e no Novo Testamento	*77*
O legado duradouro e a relevância contemporânea de 2 Coríntios	*87*
Estudiosos contemporâneos e influentes em 2 Coríntios e estudos paulinos	*95*

Prefácio da série

A Inteligência Artificial (IA) está mudando tudo, incluindo a bolsa de estudos e a educação teológica. Esta série, *Livros Essenciais Teológicos* (Theological Essentials), foi criada para trazer o potencial criativo da IA para o campo da educação teológica. No modelo tradicional, um acadêmico com domínio do discurso acadêmico e um histórico de ensino bem-sucedido em sala de aula gastaria vários meses — ou até mesmo vários anos — escrevendo, revisando e reescrevendo um texto introdutório que seria então transferido para uma editora que também investia meses ou anos em processos de produção. Embora o produto final fosse tipicamente bastante previsível, esse processo lento e caro fez com que os preços dos livros didáticos disparassem. Como resultado, os alunos em países desenvolvidos pagaram mais do que deveriam pelos livros e os alunos em países em desenvolvimento normalmente não tinham acesso a esses livros didáticos (de custo proibitivo) até que eles aparecessem como descartes e doações décadas depois. Em gerações anteriores, a necessidade de garantia de qualidade — na forma de geração de conteúdo, revisão especializada, edição de texto e tempo de impressão — pode ter tornado essa abordagem lenta, cara e excludente inevitável. No entanto, a IA está mudando tudo.

Esta série é muito diferente; é criado por IA. A capa de cada volume identifica o trabalho como "criado sob a supervisão de" um especialista na área. No entanto, essa pessoa não é um autor no sentido tradicional. O criador de cada volume foi treinado pela equipe da DTL no uso de IA e o criador usou IA para criar, editar, revisar e recriar o texto que você vê. Com esse processo de criação claramente identificado, deixe-me explicar os objetivos desta série.

Nossos objetivos:

Credibilidade: Embora a IA tenha feito — e continue a fazer — grandes avanços nos últimos anos, nenhuma IA não supervisionada pode criar um texto de nível universitário ou de seminário verdadeiramente confiável ou totalmente confiável. As limitações do conteúdo gerado por IA às vezes se originam das limitações do próprio conteúdo (o conjunto de treinamento pode ser inadequado), mas, mais frequentemente, a insatisfação do usuário com o conteúdo gerado por IA surge de erros humanos associados à engenharia de prompts ruim. A DTL Press procurou superar esses dois problemas contratando acadêmicos estabelecidos com experiência amplamente reconhecida para criar livros em suas áreas de especialização e treinando esses acadêmicos e especialistas em engenharia de prompts de IA. Para ser claro, o acadêmico cujo nome aparece na capa desta obra criou este volume — gerando, lendo, regenerando, relendo e revisando a obra. Embora a obra tenha sido gerada (em vários graus) por IA, os nomes de nossos criadores acadêmicos aparecem na capa como uma garantia de que o conteúdo é igualmente confiável com qualquer trabalho introdutório que esse acadêmico/criador escreveria usando o modelo tradicional.

Acessibilidade: A DTL Press está comprometida com a ideia de que a acessibilidade não deve ser uma barreira ao conhecimento. Todas as pessoas são igualmente merecedoras do direito de saber e entender. Portanto, versões em e-book de todos os livros da DTL Press estão disponíveis nas bibliotecas da DTL sem custo e disponíveis como livros impressos por uma taxa nominal. Nossos acadêmicos/criadores devem ser agradecidos por sua disposição de abrir mão dos acordos tradicionais de royalties. (Nossos criadores são compensados por seu trabalho generativo, mas não recebem royalties no sentido tradicional.)

Acessibilidade: A DTL Press gostaria de disponibilizar livros didáticos introdutórios de alta qualidade e baixo custo para todos, em qualquer lugar do mundo. Os livros desta série são imediatamente disponibilizados em vários idiomas. A DTL Press criará traduções em outros idiomas mediante solicitação. As traduções são, é claro, geradas por IA.

Nossas limitações reconhecidas:

Alguns leitores estão, sem dúvida, pensando, "mas a IA só pode produzir bolsa de estudos derivada; a IA não pode criar bolsa de estudos original e inovadora." Essa crítica é, é claro, em grande parte precisa. A IA é amplamente limitada a agregar, organizar e reembalar ideias pré-existentes (embora às vezes de maneiras que podem ser usadas para acelerar e refinar a produção de bolsa de estudos original). Ainda reconhecendo essa limitação inerente da IA, a DTL Press ofereceria dois comentários: (1) Textos introdutórios raramente são pensados para serem verdadeiramente inovadores em sua originalidade e (2) a DTL Press tem outras séries dedicadas à publicação de estudos originais com autoria tradicional.

Nosso convite:

A DTL Press gostaria de reformular fundamentalmente a publicação acadêmica no mundo teológico para tornar a bolsa de estudos mais acessível e mais acessível de duas maneiras. Primeiro, gostaríamos de gerar textos introdutórios em todas as áreas do discurso teológico, para que ninguém seja forçado a "comprar um livro didático" em qualquer idioma. Nossa visão é que professores em qualquer lugar possam usar um livro, dois livros ou um conjunto inteiro de livros desta série como livros didáticos introdutórios para suas aulas. Segundo, também gostaríamos de publicar monografias acadêmicas de autoria tradicional para distribuição de acesso aberto (gratuita) para um público acadêmico avançado.

Finalmente, a DTL Press não é confessional e publicará obras em qualquer área de estudos religiosos. Livros de autoria tradicional são revisados por pares; a criação de livros introdutórios gerados por IA está aberta a qualquer pessoa com a experiência necessária para supervisionar a geração de conteúdo nessa área do discurso. Se você compartilha o compromisso da DTL Press com credibilidade, acessibilidade e preço acessível, entre em contato conosco sobre mudar o mundo da publicação teológica contribuindo para esta série ou uma série de autoria mais tradicional.

Com grandes expectativas
Thomas E. Phillips
Diretor Executivo da DTL Press

www.DTLPress.com
www.thedtl.org

Introdução
Quem foi Paulo
e por que estudar suas cartas?

Poucas figuras na história cristã foram tão influentes ou controversas quanto o apóstolo Paulo. Suas cartas, escritas em meados do primeiro século d.C., constituem os documentos cristãos mais antigos que existem e fornecem insights inestimáveis sobre as crenças, as lutas e o desenvolvimento do movimento de Jesus nos primórdios. As reflexões teológicas e as exortações éticas de Paulo continuam a moldar o pensamento e a prática cristãos, influenciando doutrinas sobre salvação, graça e a natureza da igreja. Seus escritos têm estado no centro de debates teológicos por séculos, desde a Reforma Protestante até as discussões modernas sobre justificação e o papel da lei.

O objetivo deste capítulo é apresentar Paulo como uma figura histórica, explorando sua trajetória, transformação e atividade missionária. Considera também por que suas cartas merecem um estudo cuidadoso em um contexto teológico de pós-graduação, destacando sua profundidade teológica, significado ético e importância histórica.

Vida e história de Paulo

Paulo, originalmente conhecido como Saulo, nasceu na cidade de Tarso, um importante centro da cultura greco-romana na província da Cilícia. Ele afirma ser da tribo de Benjamim e seguir a lei de maneira consistente com a interpretação farisaica (Filipenses 3:5), enfatizando seu profundo compromisso com a tradição judaica. Além disso, Paulo era cidadão romano, status que lhe conferia certos privilégios legais e provavelmente facilitou suas extensas viagens pelo mundo mediterrâneo (Atos 22:25-28). No entanto, é importante notar que o próprio Paulo nunca menciona explicitamente seu nascimento em Tarso ou sua cidadania romana em suas cartas, e esses detalhes vêm do material de fonte secundária em Atos.

A criação de Paulo em um ambiente cosmopolita o expôs às tradições filosóficas e retóricas helenísticas, que são evidentes em seus escritos. Embora tenha recebido educação judaica, possivelmente em Jerusalém, sua alegação de ter estudado com o renomado mestre Gamaliel provém do material de fonte secundária em Atos (Atos 22:3). O próprio Paulo não menciona Gamaliel em suas cartas, o que torna incerto se esse detalhe reflete a realidade histórica ou cumpre uma função literária em Atos. No entanto, o amplo conhecimento de Paulo da lei judaica e das Escrituras é evidente em todos os seus escritos, sugerindo algum tipo de treinamento interpretativo formal.

Antes de seu encontro com Cristo, Paulo era conhecido por sua zelosa oposição ao movimento cristão primitivo. Em suas próprias palavras, ele "perseguiu a igreja de Deus e procurou destruí-la" (Gálatas 1:13). Como fariseu, ele estava comprometido com a defesa da lei judaica e via as reivindicações dos seguidores de Jesus como uma ameaça à identidade judaica e à pureza religiosa. Seu zelo pelas tradições de seus ancestrais o levou a participar da perseguição aos crentes. De acordo com o material de fonte secundária em Atos, ele aprovou o apedrejamento de Estêvão (Atos 7:58; 8:1).

    A vida de Paulo deu uma guinada dramática na estrada para Damasco. Ele descreve seu encontro com Cristo como uma revelação divina na qual Deus "se agradou de revelar seu Filho" a ele (Gálatas 1:15-16). Essa experiência reorientou radicalmente sua missão e autocompreensão. De acordo com o material de fonte secundária em Atos (9:1-19; 22:6-21; 26:12-18), Paulo teve uma visão do Cristo ressuscitado que o levou da perseguição aos seguidores de Jesus à proclamação de Jesus como o Messias.

    Estudiosos debatem se essa experiência deve ser entendida como uma conversão — implicando uma mudança do judaísmo para o cristianismo — ou como um chamado profético, semelhante a figuras como Isaías ou Jeremias, que receberam uma comissão divina. O próprio Paulo nunca descreve sua experiência como uma conversão do judaísmo; em vez disso, ele a apresenta como uma revelação de Jesus como o cumprimento das promessas de Deus. Ele continuou a se considerar profundamente enraizado na tradição judaica, mas sua interpretação da Torá e da aliança foi transformada. Sua missão, como ele a entendia, não era abandonar o judaísmo, mas proclamar Jesus como o Messias, particularmente aos gentios.

Essa distinção tem implicações importantes para a forma como Paulo é compreendido em relação ao judaísmo e ao cristianismo primitivo. Embora a tradição cristã posterior frequentemente tenha enquadrado sua experiência como uma conversão, muitos estudiosos hoje enfatizam sua continuidade com as tradições proféticas e apocalípticas judaicas. Independentemente da terminologia, esse momento foi decisivo na formação da identidade e missão de Paulo como apóstolo "não da parte de homens, nem por intermédio de homem algum, mas por Jesus Cristo" (Gálatas 1:1).

Após sua experiência transformadora, Paulo embarcou em uma extensa carreira missionária, estabelecendo comunidades cristãs por todo o Mediterrâneo. Paulo viajou extensivamente. Suas viagens, como descritas em Atos, são às vezes interpretadas como três grandes jornadas missionárias, abrangendo cidades como Corinto, Éfeso, Filipos e Tessalônica. De acordo com suas cartas e Atos, ele adaptou sua mensagem a públicos diversos. Envolveu-se em debates com líderes judeus, abordou questões filosóficas de pensadores gregos e navegou pelas complexidades das estruturas políticas romanas.

As cartas de Paulo, escritas a diversas comunidades cristãs, revelam sua profunda preocupação com a formação teológica e ética desses primeiros crentes. Sua correspondência fornecia orientação sobre questões de fé, unidade, moralidade e escatologia. Mesmo diante da oposição, da prisão e do eventual martírio, Paulo permaneceu comprometido com seu chamado como apóstolo de Cristo.

Por que estudar as cartas de Paulo?

As cartas de Paulo são os documentos cristãos mais antigos que possuímos, antecedendo os Evangelhos em várias décadas. Como tal, elas fornecem acesso direto às crenças e aos desafios da igreja de primeira geração. Seus escritos exploram temas teológicos fundamentais, incluindo a justificação pela fé, o papel da lei, a natureza de Cristo e a esperança da ressurreição. As reflexões de Paulo lançaram as bases para a doutrina cristã e continuam a ser centrais para o discurso teológico atual.

A influência de Paulo se estende muito além do movimento cristão do primeiro século, moldando o pensamento de figuras-chave ao longo da história da Igreja. Agostinho de Hipona (354-430 d.C.), um dos teólogos mais influentes da Igreja primitiva, baseou-se fortemente nos escritos de Paulo, particularmente na formulação de suas doutrinas sobre a graça e o pecado original. A interpretação de Agostinho das discussões de Paulo sobre a depravação humana e a graça divina em Romanos e Gálatas lançou as bases para a teologia cristã ocidental posterior.

Durante a Reforma Protestante, Martinho Lutero (1483-1546) encontrou nas cartas de Paulo, especialmente em Romanos e Gálatas, a base teológica para sua doutrina da justificação somente pela fé (sola fide). A leitura de Paulo por Lutero desafiou as visões predominantes da Igreja Católica, enfatizando a salvação como um dom da graça divina em vez de algo alcançado por meio de obras humanas. Da mesma forma, João Calvino (1509-1564) baseou-se na teologia paulina em seu desenvolvimento da predestinação e da soberania de Deus na salvação.

Além da Reforma, os escritos de Paulo continuaram a influenciar teólogos como John Wesley (1703-1791), que enfatizou o poder transformador da graça, e Karl Barth (1886-1968), que reinterpretou a teologia de Paulo no contexto das preocupações existenciais e teológicas do século XX. Na erudição contemporânea, os debates sobre a compreensão de Paulo sobre a lei, a justificação e a inclusão dos gentios permanecem centrais nas discussões sobre identidade e teologia cristãs.

Ao longo da história, as cartas de Paulo moldaram o pensamento cristão de maneiras profundas. A Reforma Protestante, por exemplo, foi amplamente impulsionada por interpretações dos ensinamentos de Paulo sobre justificação e graça. Seu conceito de salvação — centrado na fé em Cristo e não na adesão à lei — tornou-se um princípio definidor da teologia cristã.

Paulo também articulou uma visão da igreja como o "corpo de Cristo" (1 Coríntios 12), enfatizando a unidade em meio à diversidade. Seus insights eclesiológicos permanecem relevantes para as discussões contemporâneas sobre a natureza e a missão da igreja.

Conclusão

O apóstolo Paulo se destaca como uma das figuras mais significativas da história cristã. Suas cartas, embora escritas há quase dois mil anos, continuam a moldar discussões teológicas, reflexões éticas e reconstruções históricas do cristianismo primitivo. Estudar os escritos de Paulo é essencial não apenas para compreender as origens cristãs, mas também para abordar questões teológicas e éticas contemporâneas. À medida que este livro se desenrola, examinaremos o pensamento de Paulo com maior profundidade, explorando seus ensinamentos em seu contexto histórico e considerando seu impacto duradouro na teologia e na prática cristãs.

Nota: Este capítulo sobre a vida e influência de Paulo está incluído no início de cada volume desta série sobre as cartas paulinas.

Capítulo 1
Autoria e Identidade Paulina

A questão da autoria é fundamental no estudo acadêmico de textos bíblicos. Determinar quem escreveu uma determinada carta, e em que circunstâncias, molda a forma como os leitores interpretam seu conteúdo, teologia e valor histórico. No caso de 2 Coríntios, a erudição moderna permanece firmemente convencida de que o apóstolo Paulo é o autor. No entanto, embora poucos questionem a autoria de Paulo nesta carta, a forma como Paulo a escreveu — especialmente em termos de seu tom emocional, estrutura e apresentação retórica — levanta questões significativas que abordam questões de autenticidade, identidade e autoridade pastoral.

Evidência interna da autoria paulina

As afirmações internas de 2 Coríntios são inequívocas: a carta abre com uma saudação paulina padrão: "Paulo, apóstolo de Cristo Jesus pela vontade de Deus, e o irmão Timóteo..." (1:1). Tal autoidentificação é típica das cartas de Paulo e cumpre uma função tanto literária quanto teológica. Literalmente, situa a carta dentro da estrutura das convenções epistolares de Paulo. Teologicamente, afirma imediatamente o status apostólico de Paulo como fundamentado na comissão divina e não na nomeação humana — um ponto particularmente importante em uma carta em que sua autoridade é contestada.

Além da saudação, a carta está repleta de elementos autobiográficos, muitas vezes de natureza intensamente pessoal. Paulo fala em primeira pessoa o tempo todo e relata seus sofrimentos, viagens, relacionamentos e estado emocional interno com notável vulnerabilidade. Por exemplo, em 1:8, ele compartilha: "Estávamos tão profundamente arrasados, que perdemos a esperança da própria vida". Tal franqueza e transparência emocional são marcas registradas das cartas incontestáveis de Paulo e reforçam a credibilidade da autoria paulina.

Além disso, a linguagem, o estilo e a teologia da carta correspondem ao que encontramos em outras cartas reconhecidas de Paulo, particularmente Romanos, 1 Coríntios e Filipenses. O vocabulário inclui termos característicos de Paulo como "graça" (charis), "reconciliação" (katallagē), "nova criação" (kainē ktisis) e "ministério" (diakonia). Seu método retórico — alternando frequentemente entre exposição teológica, narrativa pessoal e apelo emocional — também é consistente com outros escritos paulinos. A intensidade e a paixão encontradas em 2 Coríntios, embora excepcionais em grau, não são inéditas no corpus epistolar de Paulo (cf. Gálatas, onde o tom de Paulo é igualmente urgente e emotivo).

Atestado Externo e Recepção Canônica

Do ponto de vista externo, 2 Coríntios goza de forte atestação na tradição cristã primitiva. Aparece no cânone marcionita, uma lista de cartas paulinas do início do século II compilada pelo herege Marcião, e é referenciada no Fragmento Muratoriano, uma das primeiras tentativas de listar escritos cristãos autoritativos. Padres da Igreja primitiva, como Irineu, Tertuliano, Clemente de Alexandria e Orígenes, fazem uso de 2 Coríntios em seus escritos, tratando-a como autenticamente paulina.

Não há registro na igreja primitiva de alguém que tenha questionado seriamente a autenticidade da carta. Essa ausência de controvérsia contrasta com várias outras cartas paulinas — especialmente as Epístolas Pastorais (1 e 2 Timóteo, Tito) — que enfrentaram maior escrutínio no período moderno devido a diferenças no vocabulário e na estrutura da igreja. Devido à sua coerência interna e à sua recepção inicial incontestável, 2 Coríntios é categorizada como uma das sete cartas paulinas "incontestáveis" pela crítica moderna — um grupo que inclui Romanos, 1 Coríntios, Gálatas, Filipenses, 1 Tessalonicenses e Filemom.

O papel de Timothy e a autoria colaborativa

Paulo não é o único nome mencionado na saudação. A carta também menciona Timóteo, um colaborador de confiança, como co-remetente. Embora Paulo seja, sem dúvida, o autor principal, a inclusão de Timóteo sinaliza um empreendimento missionário colaborativo.

Timóteo provavelmente exerceu um papel pastoral em Corinto (ver Atos 18:5; 1 Co 4:17) e pode ter estado envolvido na redação ou na entrega da carta.

Esse modelo colaborativo de autoria reflete práticas comuns no mundo greco-romano, onde a escrita de cartas era frequentemente um esforço em grupo. Os autores normalmente ditavam as cartas aos escribas (amanuenses), que podiam influenciar os elementos estilísticos do texto. Em alguns casos, coautores ou membros da equipe eram nomeados para reforçar a credibilidade e a autoridade da carta ou para lembrar os destinatários dos laços relacionais compartilhados. Isso complica ainda mais as noções simplistas de autoria como um ato solitário e, em vez disso, pinta um quadro da autoria paulina como comunitária, pastoral e estratégica.

Estudiosos também observam que as cartas de Paulo foram concebidas para serem lidas em voz alta em reuniões comunitárias e para transmitir tanto instrução quanto presença relacional. Nomear Timóteo ajuda a ancorar a carta em relacionamentos vividos e ressalta o caráter comunitário da liderança cristã primitiva.

A identidade apostólica de Paulo em crise

Embora a autoria esteja firmemente estabelecida, grande parte da carta gira em torno de como Paulo defende e define seu apostolado. Seu relacionamento com os coríntios havia sofrido após uma série de interações difíceis: uma "visita dolorosa", uma "carta cheia de lágrimas" e questionamentos persistentes sobre sua autoridade espiritual e estilo de liderança. A autoridade de Paulo estava sendo minada, talvez por mestres cristãos visitantes que se gabavam de visões, eloquência ou sucesso — figuras que Paulo ironicamente chama de "superapóstolos" (11:5; 12:11).

Em resposta, Paulo oferece não uma lista de conquistas, mas uma teologia da fraqueza. Ele cataloga seus sofrimentos (11:23-29), confessa seus medos e fardos emocionais (1:8; 2:4) e fala de um "espinho na carne" que Deus se recusa a remover (12:7-9). Tudo isso ele interpreta não como desqualificação, mas como autenticação de seu ministério. Para Paulo, o verdadeiro apostolado se conforma ao Cristo crucificado, cujo poder se revela na humildade e no sofrimento. "A minha graça te basta", ele ouve do Senhor, "porque o poder se aperfeiçoa na fraqueza" (12:9). Essa inversão de valores — colocando a fraqueza acima da força, o sofrimento acima do triunfo, a servidão acima do status — é central para a identidade de Paulo e para a teologia de 2 Coríntios como um todo.

A textura emocional da carta revela um Paulo não apenas teólogo e missionário, mas também um pastor profundamente ferido pela rejeição, profundamente empenhado na reconciliação e disposto a desnudar sua alma pelo bem da igreja. Essa autorrevelação, combinada com sua reformulação teológica do sofrimento e da autoridade, contribui para a singularidade de 2 Coríntios e a torna um recurso poderoso para a liderança cristã, o ministério pastoral e a reflexão teológica.

Implicações acadêmicas e relevância contemporânea

Do ponto de vista acadêmico, o caráter autorreferencial da carta a torna um recurso crucial para a reconstrução da biografia de Paulo, incluindo sua atividade missionária, suas dificuldades e o impacto emocional do ministério. Ela oferece uma visão sobre a dinâmica complexa das comunidades cristãs primitivas, especialmente aquelas com diferentes composições sociais, expectativas espirituais e reivindicações conflitantes de autoridade. Também ajuda os estudiosos a compreender como os primeiros cristãos lidaram com questões de conflito, liderança e reconciliação.

Além disso, as estratégias retóricas de Paulo em 2 Coríntios têm sido objeto de rica investigação acadêmica. Seu uso de ironia e sarcasmo, sua "jactância" retórica (especialmente nos capítulos 10 a 13) e seus apelos dramáticos à história compartilhada refletem técnicas sofisticadas da retórica greco-romana, porém reequipadas a serviço do evangelho. Sua construção de si mesmo como um servo sofredor chama a atenção não apenas para seu próprio ministério, mas para uma afirmação teológica mais ampla: a de que o poder divino se manifesta não em sinais exteriores de sucesso, mas em uma perseverança humilde, semelhante à de Cristo.

Por fim, os temas da vulnerabilidade, da luta relacional e do significado da fraqueza dialogam poderosamente com as discussões contemporâneas sobre liderança, sofrimento e autenticidade no ministério. A voz de Paulo em 2 Coríntios não é a de um teólogo imparcial, mas a de um líder profundamente envolvido e emocionalmente vulnerável — alguém que continua a moldar a identidade da liderança cristã ao longo dos séculos.

Conclusão

A Segunda Epístola aos Coríntios é um poderoso testemunho da voz e identidade de Paulo, moldadas pelo chamado divino, sofrimento pessoal e um compromisso inabalável com o evangelho. Suas evidências internas e externas apoiam de forma esmagadora a autoria paulina, mas o significado maior reside em como Paulo usa a carta para redefinir o que significa ser um apóstolo: não alguém que se vangloria da força, mas alguém que abraça a fraqueza, sofre pelo bem dos outros e modela o amor reconciliador de Cristo.

Capítulo 2
Composição e Unidade Literária

Embora a autoria paulina de 2 Coríntios goze de forte consenso acadêmico, a questão da composição e da unidade literária da carta continua sendo um dos tópicos mais debatidos nos estudos do Novo Testamento. Quando leitores modernos se deparam com a carta, frequentemente notam sua falta de fluxo linear, mudanças abruptas de tom e transições que parecem dissonantes ou até mesmo confusas. Essas características literárias levaram muitos estudiosos a questionar se 2 Coríntios era originalmente uma composição única e unificada ou se foi reunida a partir de múltiplas cartas ou fragmentos mais curtos que Paulo escreveu à igreja de Corinto ao longo do tempo.

Este capítulo apresenta aos alunos a hipótese da carta composta, uma teoria acadêmica que busca explicar essas mudanças abruptas. Também apresenta a posição alternativa de que a carta pode, de fato, ser uma obra unificada, moldada pela estratégia retórica de Paulo e seu envolvimento emocional com um relacionamento complexo e tenso. Como veremos, a maneira como se entende a estrutura de 2 Coríntios influencia tanto a interpretação da carta quanto a apreciação do papel de Paulo como comunicador, pastor e teólogo.

Mudanças no tom e na estrutura da carta

Uma das primeiras coisas que os leitores notam ao estudar 2 Coríntios é a irregularidade do tom. Os capítulos iniciais (1–7) são marcados por vulnerabilidade emocional, reflexão pessoal e preocupação pastoral. Paulo relata seus sofrimentos, afirma seu compromisso com os coríntios e expressa alívio pelo fato de o relacionamento deles ter começado a se recuperar. Esta seção contém algumas das reflexões autobiográficas mais pungentes do corpus paulino, como sua confissão de desespero "além da medida, além das nossas forças, a ponto de termos perdido a esperança até da própria vida" (1:8). Paulo transita com fluidez entre a exposição teológica e o apelo profundamente pessoal, buscando restaurar a confiança e reconciliar-se com uma comunidade que o feriu.

No entanto, o tom muda significativamente nos capítulos 8 e 9. Aqui, Paulo aborda uma questão mais prática: a coleta para a igreja em Jerusalém, um projeto que ele promoveu entre suas congregações gentias. Ele elogia a generosidade dos macedônios e exorta os coríntios a cumprirem seu compromisso anterior. O estilo se torna mais formal e refinado, enfatizando temas de graça, igualdade e doação com alegria. Embora esse tópico se conecte à visão teológica mais ampla de Paulo sobre a unidade entre os crentes judeus e gentios, parece interromper o fluxo de seu apelo emocional e pastoral dos capítulos anteriores.

A mudança mais dramática ocorre no início do capítulo 10. Sem transição ou explicação, Paulo adota um tom defensivo e combativo. Ele começa a confrontar oponentes anônimos — que ele sarcasticamente chama de "superapóstolos" — que desafiaram sua autoridade e credenciais. Em contraste com o calor e a gratidão expressos no capítulo 7, os capítulos 10 a 13 estão repletos de ironia, críticas mordazes e uma longa autodefesa. Paulo usa recursos retóricos como vanglória, sarcasmo e descrições vívidas de seus sofrimentos para afirmar sua legitimidade como apóstolo. A rapidez e a intensidade dessa seção polêmica há muito levantam questões sobre se ela fazia originalmente parte da mesma carta que os capítulos 1 a 9.

A Hipótese da Letra Composta

Para explicar essas transições marcantes, muitos estudiosos propuseram o que é comumente conhecido como a hipótese da carta composta. Segundo essa visão, o que hoje chamamos de 2 Coríntios não é uma carta única e contínua, mas sim uma compilação de múltiplas cartas ou fragmentos de cartas que foram escritos em momentos diferentes e posteriormente editados em conjunto — talvez pelo próprio Paulo ou por alguém de seu círculo. Essa teoria busca explicar por que certas seções da carta parecem desconexas ou parecem se referir a diferentes estágios do relacionamento de Paulo com os coríntios.

A versão mais amplamente aceita dessa teoria divide a carta em duas partes principais. Os capítulos 1 a 9 são entendidos como uma carta escrita após a reconciliação entre Paulo e a igreja de Corinto. Esses capítulos são calorosos, conciliatórios e esperançosos, com Paulo afirmando sua afeição pela comunidade e elogiando seu arrependimento. Em contraste, acredita-se que os capítulos 10 a 13 reflitam um momento anterior de crise, quando as tensões eram altas e o relacionamento de Paulo com a igreja ainda não havia sido restaurado. O tom desses capítulos posteriores (ou anteriores, dependendo da teoria) é de confronto e defesa, sugerindo que Paulo ainda estava respondendo a acusações e desafios de dentro da comunidade.

Alguns estudiosos vão além, propondo que 2 Coríntios contém não apenas duas, mas três ou até quatro cartas ou fragmentos distintos. Por exemplo, os capítulos 8 e 9, que se concentram na coleta para a igreja de Jerusalém, podem ter sido uma carta ou circular independente que Paulo enviou a várias congregações. As diferenças estilísticas e temáticas entre esses dois capítulos levaram alguns a argumentar que o capítulo 9 era uma carta separada anexada posteriormente. Além disso, Paulo se refere em 2:4 a uma "carta chorosa", escrita "em meio a muita aflição e angústia de coração", que causou pesar aos coríntios, mas visava à sua correção. Alguns estudiosos sugerem que essa "carta chorosa" está parcialmente preservada nos capítulos 10 a 13, enquanto outros argumentam que ela se perdeu completamente.

A ideia de que Paulo escreveu múltiplas cartas a Corinto é consistente com o que sabemos sobre seu relacionamento com esta igreja. De acordo com 1 Coríntios e Atos, a igreja de Corinto era atormentada por divisões, disputas éticas e questões de autoridade. Seria surpreendente se uma única carta pudesse captar plenamente a complexidade desse relacionamento contínuo. Dessa perspectiva, 2 Coríntios pode ser entendida não como um único momento de comunicação, mas como uma janela composta para a resposta pastoral em evolução de Paulo a uma congregação amada, porém difícil.

Argumentos para a Unidade Literária

Apesar da força da hipótese da carta composta, muitos estudiosos continuam a defender a unidade literária de 2 Coríntios. Argumentam que as mudanças abruptas de tom e conteúdo da carta não significam necessariamente que ela seja uma colcha de retalhos de documentos diferentes. Em vez disso, sugerem que a carta reflete a estratégia retórica e a intensidade emocional de Paulo, moldadas pela complexidade da situação que ele enfrentou em Corinto.

Nessa perspectiva, as mudanças de tom são intencionais e significativas. Paulo começa se dirigindo à maioria da congregação, que respondeu positivamente aos seus apelos anteriores e agora está reconciliada com ele. Após afirmar esse relacionamento restaurado, ele se volta, nos capítulos 10 a 13, para uma facção minoritária dentro da igreja que continua a se opor a ele. O tom áspero desses capítulos não evidencia uma carta separada, mas uma mudança direcionada na abordagem retórica. Em vez de escrever duas cartas diferentes, Paulo pode ter escrito um documento único e multifacetado, projetado para envolver ambos os grupos dentro da comunidade.

Os defensores dessa visão também apontam que as cartas antigas — especialmente aquelas com um público público ou semipúblico — frequentemente mudavam de tom, gênero e postura retórica. Paulo pode ter empregado a técnica de camadas retóricas deliberadas, uma estratégia na qual o orador ou escritor constrói uma repreensão ou exortação culminante. A retórica greco-romana permitia uma ampla gama emocional, e Paulo era hábil em empregar tanto o pathos quanto a ironia para persuadir seus leitores. Dessa perspectiva, a crueza emocional dos capítulos 10 a 13 se encaixa em um plano retórico mais amplo e dispensa a hipótese de múltiplas cartas.

Além disso, aqueles que defendem a unidade da carta enfatizam a coerência de certos temas — como a defesa de Paulo de seu ministério, seu apelo à reconciliação e sua preocupação com o bem-estar espiritual dos coríntios — que permeiam toda a carta, apesar das mudanças de tom. A recorrência de ideias teológicas fundamentais, como o poder divino revelado na fraqueza, a natureza da autoridade apostólica e o ministério da reconciliação, sugere uma unidade temática que corrobora a leitura da carta como um todo.

Implicações teológicas e pastorais

Independentemente de se adotar uma visão composta ou unificada, as implicações desse debate acadêmico são significativas para a compreensão da teologia e do ministério de Paulo. Se 2 Coríntios é uma carta composta, ela oferece aos estudantes um valioso estudo de caso sobre a forma como os documentos cristãos primitivos foram formados, editados e transmitidos. Ela nos lembra que o Novo Testamento não surgiu como um conjunto pré-embalado de declarações doutrinárias, mas emergiu de um engajamento pastoral em tempo real, moldado por relacionamentos complexos e investimento emocional.

Por outro lado, se 2 Coríntios é um todo deliberadamente elaborado, então revela Paulo como um mestre da comunicação, capaz de se dirigir a múltiplos públicos com mudanças retóricas estratégicas. Também convida os alunos a refletirem sobre a natureza da autoridade pastoral, da liderança espiritual e da honestidade emocional. Paulo não esconde suas frustrações ou sofrimentos. Em vez disso, ele os integra à sua visão teológica, mostrando como a fraqueza e a vulnerabilidade podem se tornar veículos para a graça divina.

De qualquer forma, 2 Coríntios desafia os leitores a lidar com a realidade confusa e corporificada das primeiras comunidades cristãs. A carta não é um tratado doutrinário organizado, mas um engajamento vivido, pessoal e dinâmico entre um apóstolo fundador e uma comunidade que luta por identidade, lealdade e crescimento. Compreender a composição da carta, portanto, amplia nossa apreciação de seus ricos insights teológicos e profunda ressonância emocional.

Conclusão

Em suma, a questão da unidade literária nos convida a adentrar o universo da escrita epistolar paulina, onde teologia, retórica e cuidado pastoral se entrelaçam de maneiras complexas. Seja composta como uma única carta unificada ou compilada a partir de múltiplas fontes, 2 Coríntios continua sendo um dos documentos mais vívidos e humanos do Novo Testamento. Sua profundidade emocional, complexidade retórica e urgência teológica a tornam um texto indispensável para os estudantes do movimento cristão primitivo.

Capítulo 3
Contexto Histórico e Social

A compreensão de 2 Coríntios exige uma reconstrução cuidadosa de seu contexto histórico e social. A carta não foi escrita no vácuo, mas em meio a um relacionamento tenso e contínuo entre Paulo e a comunidade cristã na movimentada cidade greco-romana de Corinto. Este capítulo explora o contexto desse relacionamento examinando três áreas interconectadas: a cidade de Corinto e sua dinâmica cultural, a história de Paulo com a igreja coríntia e o contexto missionário e teológico mais amplo em que a carta foi escrita.

Corinto: uma cidade de influência, riqueza e status

A cidade de Corinto, no século I d.C., era uma das cidades mais proeminentes e cosmopolitas do Império Romano. Localizada no estreito istmo que conectava a Grécia continental ao Peloponeso, Corinto controlava dois portos importantes, um no Mar Egeu (Cencréia) e outro no Adriático (Lequeu). Essa posição estratégica a tornava um polo comercial com uma população diversificada, uma economia próspera e significativo prestígio cultural.

Reconstruída como colônia romana em 44 a.C. após ter sido destruída pelos romanos em 146 a.C., Corinto tornou-se lar de uma grande população de libertos, veteranos romanos, gregos, judeus e migrantes de todo o mundo mediterrâneo. Seu status como colônia romana trouxe consigo influência imperial e grandiosidade arquitetônica, incluindo templos, mercados e locais de entretenimento. A diversificada vida religiosa da cidade incluía templos a Afrodite, Apolo e o culto imperial. Inscrições e achados arqueológicos atestam uma sociedade que valorizava a honra, a riqueza e o reconhecimento público — valores que moldaram significativamente as expectativas de liderança e status dentro da comunidade.

Esse contexto cultural é crucial para a compreensão da relação tensa de Paulo com a igreja de Corinto. Em uma sociedade que admirava a habilidade retórica, o patrocínio e as demonstrações exteriores de sucesso, o modo de ministério de Paulo — marcado por sofrimento, trabalho braçal e humildade pessoal — era profundamente contracultural. Seus críticos, incluindo os chamados "superapóstolos" mencionados nos capítulos 11-12, podem ter incorporado os ideais culturais de oratória pública e autopromoção, parecendo, portanto, mais impressionantes ou espiritualmente autoritários aos olhos de muitos coríntios. A recusa de Paulo em seguir as regras culturais de status e ostentação torna-se uma das tensões centrais da carta.

Paulo e a Igreja de Corinto: Uma História Conturbada

Paulo visitou Corinto pela primeira vez durante sua segunda viagem missionária, provavelmente por volta de 50-52 d.C., conforme registrado em Atos 18. Ele permaneceu lá por aproximadamente 18 meses — mais tempo do que em muitas das cidades que visitou — trabalhando como fabricante de tendas e pregando o evangelho. Durante esse período, Paulo fundou uma comunidade cristã diversificada e vibrante, composta por judeus e gentios, alguns de classes sociais mais baixas e outros de origens mais elitistas (ver 1 Co 1:26). A igreja era carismática, talentosa e dinâmica — mas também atormentada por divisões, questões morais e disputas sobre autoridade.

A relação entre Paulo e os coríntios logo se complicou. Após sua partida inicial, Paulo manteve contato com a igreja por meio de cartas e delegados, incluindo Timóteo e Tito. De acordo com 1 Coríntios e referências em 2 Coríntios, a igreja lutava contra facções, conflitos sobre liderança, ética sexual e disputas sobre dons espirituais e ressurreição. As instruções de Paulo em 1 Coríntios eram diretas e, às vezes, severas, instando-os a buscar a unidade e a santidade.

Após enviar 1 Coríntios, Paulo fez o que chama de "visita dolorosa" a Corinto — uma visita que parece ter corrido mal. Embora não tenhamos um relato detalhado do ocorrido, Paulo se refere a essa visita em 2 Coríntios 2:1 como uma ocasião de tristeza e conflito. Em resposta, Paulo escreveu o que chama de "carta lacrimosa" (2:3-4; 7:8-9), que parece ter sido uma tentativa emocionalmente intensa de convocar a igreja ao arrependimento e reafirmar sua autoridade apostólica. Essa "carta lacrimosa" não sobreviveu na íntegra, embora alguns estudiosos acreditem que possa ter sido parcialmente preservada em 2 Coríntios 10-13.

A carta que hoje chamamos de 2 Coríntios foi provavelmente escrita depois que Paulo recebeu de Tito a notícia de que a maioria da igreja havia reagido positivamente à sua carta e se arrependido de sua postura anterior (7:5-16). Assim, os capítulos 1 a 7 refletem o alívio, a afeição e o desejo de Paulo de restaurar a comunhão plena. No entanto, as tensões não haviam diminuído completamente. Uma facção dentro da igreja ainda se opunha a ele, o que explica o tom áspero e a linguagem confrontacional nos capítulos 10 a 13. A volatilidade emocional da carta — passando da alegria à advertência, da gratidão à repreensão — reflete a profundidade e a complexidade desse relacionamento pastoral.

O Contexto Missionário Maior: Macedônia e a Coleção de Jerusalém

A Segunda Epístola aos Coríntios foi provavelmente escrita durante a terceira viagem missionária de Paulo, provavelmente partindo da Macedônia por volta de 55 ou 56 d.C. Paulo viajava pelas regiões da Macedônia e da Acaia (norte e sul da Grécia), arrecadando fundos para a coleta de Jerusalém — uma importante iniciativa de arrecadação de fundos para apoiar os fiéis empobrecidos da igreja de Jerusalém. Essa coleta, referenciada em 1 Coríntios 16 e expandida em 2 Coríntios 8-9, foi profundamente importante para a teologia e a missão de Paulo.

Paulo visualizou a oferta não apenas como um alívio econômico, mas como um símbolo de unidade entre cristãos judeus e gentios. As igrejas predominantemente gentias que ele havia fundado na Ásia Menor e na Grécia estavam sendo solicitadas a doar generosamente aos crentes judeus em Jerusalém. Esse gesto serviu como uma expressão de interdependência dentro do corpo de Cristo e um cumprimento da crença de Paulo de que o evangelho rompe barreiras de etnia, classe e geografia.

A coleta também proporcionou uma oportunidade para os coríntios demonstrarem sua sinceridade e maturidade espiritual. Paulo já os havia instruído sobre essa oferta em 1 Coríntios, e agora, em 2 Coríntios 8-9, ele os exorta a completar o que haviam começado. Ele apela ao senso de honra deles, encoraja-os pelo exemplo das igrejas da Macedônia e fundamenta seu apelo na graça abnegada de Cristo, que "sendo rico, por amor de vós se fez pobre" (8:9). Essa visão teológica integra o prático ao espiritual e convida os coríntios a participarem de um ato tangível de solidariedade e graça.

As viagens de Paulo pela Macedônia, sua coordenação com colaboradores como Tito e Timóteo e sua preocupação constante com as igrejas que havia fundado revelam a rede mais ampla de relacionamentos e responsabilidades que moldaram seu ministério. Sua carta aos Coríntios, portanto, não é uma comunicação isolada, mas parte de uma trama maior de cuidado pastoral, estratégia missionária e visão teológica que se estendia por todo o Mediterrâneo oriental.

Conflito, Cultura e Identidade Cristã

O contexto social, cultural e histórico de 2 Coríntios ilumina as profundas tensões entre o modelo de liderança de Paulo e as expectativas da comunidade coríntia. A sociedade coríntia valorizava a fala pública, a honra, o patrocínio e as demonstrações de força e sucesso. Paulo, em contraste, personificava um modelo de ministério apostólico baseado na fraqueza, no sofrimento e na humildade. Ele recusou apoio financeiro dos coríntios para evitar ser visto como um patrono ou filósofo de aluguel (11:7-12), trabalhava com as próprias mãos e enfatizava a cruz como o símbolo central da vida cristã.

Essa abordagem contracultural pode ter deixado alguns na igreja constrangidos por Paulo ou inseguros quanto à sua legitimidade. A chegada de outros mestres cristãos — que se apresentavam com maior polimento retórico, vangloriavam-se de visões e poder e talvez aceitassem dinheiro por seu ministério — complicou ainda mais o cenário. A defesa de Paulo a si mesmo em 2 Coríntios não se trata de orgulho pessoal, mas sim de defender a integridade do Evangelho e redefinir o que é a verdadeira liderança espiritual.

O contexto histórico e social da carta, portanto, não é meramente informativo — é essencial para a compreensão da mensagem de Paulo. As tensões culturais entre os valores greco-romanos e o evangelho de Cristo crucificado não são abstratas; elas estão incorporadas na luta entre Paulo e os coríntios. Esta carta revela como as primeiras comunidades cristãs tiveram que navegar entre valores conflitantes — entre humildade e honra, generosidade e patrocínio, identidade comunitária e status individual.

Conclusão

Concluindo, 2 Coríntios reflete a convergência de um relacionamento pastoral desafiador, uma cultura urbana complexa e um projeto missionário de longo alcance. Para ler bem esta carta, os alunos precisam compreender as tensões históricas que a moldaram: uma cidade definida por status e sucesso, uma igreja lutando com lealdades divididas e um apóstolo comprometido em modelar o caminho de Cristo, mesmo a um grande custo pessoal. Nesse cenário dinâmico, o chamado de Paulo à reconciliação, à generosidade e à liderança em meio à fraqueza continua a falar com poder duradouro.

Capítulo 4
Opositores e Autoridade Apostólica

Dentre as várias preocupações que dominam 2 Coríntios, nenhuma é mais urgente ou emocionalmente crua do que o esforço de Paulo para defender sua identidade apostólica contra a oposição. Mais do que qualquer outra carta no Novo Testamento, 2 Coríntios revela um apóstolo sob pressão — examinado, criticado e até mesmo rejeitado por alguns dentro da própria igreja que ele fundou. Sua resposta, no entanto, não é simplesmente defensiva. É teológica, retórica e profundamente pastoral. Paulo aproveita a oportunidade para redefinir a liderança cristã, rejeitando ideias culturalmente orientadas de poder e status em favor de uma teologia da fraqueza, modelada segundo o Cristo crucificado.

Este capítulo explora quem eram os oponentes de Paulo, o que diziam, como Paulo responde e por que sua defesa permanece teológica e pastoralmente significativa. Ao fazê-lo, os alunos verão como 2 Coríntios oferece um dos estudos de caso mais ricos do Novo Testamento para refletir sobre autoridade, autenticidade e os valores que definem a liderança espiritual.

Identificando os oponentes: quem eram os "superapóstolos?"

Nos capítulos 10 a 13, Paulo mira um grupo que ele ironicamente chama de "superapóstolos" (grego: hyperlian apostoloi), zombando de suas pretensões infladas de autoridade e superioridade espiritual (11:5; 12:11). Esses indivíduos evidentemente haviam conquistado influência na igreja de Corinto, e suas críticas a Paulo eram sérias o suficiente para ameaçar seu relacionamento com a comunidade.

Estudiosos acreditam amplamente que esses "superapóstolos" eram provavelmente missionários judaico-cristãos — crentes que vinham de fora da igreja de Corinto, talvez com credenciais ou cartas de recomendação (3:1), alegando vínculos diretos com a igreja de Jerusalém ou experiências espirituais superiores. Sua identidade exata permanece incerta, mas as descrições de Paulo pintam um quadro vívido: eles se gabavam de discursos eloquentes, visões e revelações, herança judaica (11:22) e aparentemente aceitavam dinheiro por seu ministério — práticas que contrastavam com a abordagem do próprio Paulo.

Culturalmente, esses oponentes podem ter parecido mais impressionantes para um público coríntio imerso nos valores da sociedade greco-romana, que admirava a performance pública, a sofisticação filosófica e a autoridade baseada no clientelismo. Paulo, em contraste, frequentemente era visto como rude, fisicamente inexpressivo (cf. 10:10) e intencionalmente independente de relações financeiras entre patrão e cliente. Sua humildade e sofrimento podem ter parecido constrangedores ou até mesmo desqualificantes para aqueles moldados pelos padrões mundanos.

A Natureza da Oposição: Críticas ao Ministério de Paulo

As críticas a Paulo parecem ter se concentrado em várias questões-chave. Primeiro, ele foi acusado de ser um péssimo orador. Em 10:10, Paulo cita o que alguns diziam: "Suas cartas são graves e fortes, mas a sua presença corporal é fraca, e a sua palavra, desprezível". Em uma cultura onde a habilidade retórica era admirada e esperada dos líderes, a apresentação modesta de Paulo tornou-se um problema. Sua recusa em se envolver em autopromoção retórica, que ele discute repetidamente nos capítulos 10 a 13, o colocava em desvantagem em comparação com aqueles que conseguiam impressionar com discurso chamativo e autoridade carismática.

Em segundo lugar, Paulo foi criticado por seu sofrimento e fraqueza. Sua longa lista de aflições — espancamentos, naufrágios, noites sem dormir, ansiedade (11:23-28) — provavelmente foi vista como evidência de que lhe faltava a bênção de Deus. No mundo greco-romano, o sofrimento era frequentemente interpretado como fracasso, não como sinal de poder espiritual ou favor divino. Para os oponentes de Paulo, tais experiências podem ter minado sua credibilidade.

Terceiro, Paulo foi atacado por sua recusa em aceitar apoio financeiro dos coríntios. Em 11:7-9, ele defende sua decisão de pregar o evangelho "de graça", explicando que escolheu evitar a dependência financeira dos coríntios por uma questão de integridade. No entanto, esse autossuficiência pode ter sido mal compreendido ou até mesmo ressentido. Em uma cultura de reciprocidade, recusar apoio poderia ser interpretado como arrogância ou como rejeição de parceria. Enquanto isso, Paulo sugere que seus oponentes estavam explorando os coríntios financeiramente (11:20), levantando questões éticas sobre suas motivações.

Essas críticas, em conjunto, representam uma questão mais profunda: como é a genuína autoridade espiritual? Ela é medida pelas aparências externas — eloquência, sucesso, honra, visões — ou por algo completamente diferente?

A resposta retórica de Paulo: a "fala do tolo" e a ostentação na fraqueza

A resposta de Paulo a essas críticas é retoricamente brilhante e teologicamente subversiva. Em vez de simplesmente refutar as acusações, ele inverte toda a estrutura de vanglória e autoridade. Em 11:16-12:10, ele profere uma longa e irônica "vangloriação" — o que os estudiosos chamam de "Discurso do Tolo". Ele adota a voz de um tolo para expor a tolice da obsessão coríntia por status e talento retórico.

Neste discurso, Paulo cataloga uma longa lista de sofrimentos, dificuldades e humilhações — justamente as coisas para as quais a maioria dos líderes evitaria chamar a atenção. Ele se vangloria, não de suas realizações, mas de suas fraquezas. Ele relata como foi espancado, apedrejado, naufragado, passou fome, frio, angustiado pelas igrejas — e até mesmo baixado em um cesto por uma janela para escapar da prisão (11:23-33). Estas não são as histórias de um herói triunfante, mas de alguém cuja vida foi marcada pela vulnerabilidade e dependência de Deus.

Ele então se volta para uma experiência mística no capítulo 12: uma visão do "terceiro céu" na qual "ouviu coisas que não devem ser contadas". Mas mesmo isso ele discute com cautela e relutância. Em vez de centralizar a visão, ele se concentra no que veio depois: um "espinho na carne" que o manteve humilde. Apesar de orar para que fosse removido, ele diz que Deus lhe disse: "A minha graça te basta, pois o meu poder se aperfeiçoa na fraqueza". Esta se torna a percepção teológica central da carta. Paulo conclui: "Portanto, de boa vontade me gloriarei nas minhas fraquezas, para que o poder de Cristo habite em mim" (12:9).

Aqui, Paulo redefine radicalmente o poder espiritual: ele não se encontra na força, no carisma ou em visões extáticas, mas na fraqueza transformada pela graça. Seu apostolado, longe de ser desacreditado pelo sofrimento, é confirmado por ele.

Preocupações éticas e a economia do ministério

Outra dimensão da defesa de Paulo envolve sua ética ministerial. Sua decisão de não aceitar apoio financeiro dos coríntios é uma das características mais marcantes de seu relacionamento com eles. Ao contrário de filósofos ou professores itinerantes que esperavam remuneração, Paulo insistia em pregar sem custo para evitar parecer manipulador ou egoísta.

Essa decisão, no entanto, gerou tensão. No mundo romano, aceitar presentes fazia parte do sistema de patrocínio, e recusar apoio podia ser visto como um sinal de desconfiança ou desdém. A independência de Paulo pode ter constrangido alguns coríntios ou feito com que se sentissem excluídos das relações recíprocas que definiam a vida comunitária.

Paulo explica seus motivos claramente em 11:7-12. Sua recusa em receber pagamento foi um ato de amor e proteção pastoral. Ele escolheu ser apoiado por outras igrejas (notadamente os macedônios) para que sua integridade fosse irrepreensível em Corinto. Isso contrasta com seus oponentes, que, segundo Paulo, exploravam os coríntios financeiramente (11:20). Sua ética financeira estava, portanto, profundamente ligada à sua compreensão teológica da graça, da sinceridade e da liberdade evangélica.

A forma cruciforme da autoridade apostólica

No cerne da resposta de Paulo está uma visão teológica moldada pela cruz de Cristo. Para Paulo, a verdadeira marca de um apóstolo não é o triunfo, mas a crucificação — viver uma vida moldada pelo amor abnegado e sacrificial de Jesus. O apostolado não consiste em dominar os outros, mas em sofrer com e pelos outros. Trata-se de ser fraco para que os outros sejam fortes (cf. 13:4, 9).

Essa visão contraria os valores dominantes do contexto coríntio. Em uma cidade moldada pela competição por status e pela cultura da honra, a mensagem de Paulo é desorientadora. Ele insiste que o poder de Deus não se demonstra pelo sucesso exterior, mas pelo serviço humilde. É isso que torna 2 Coríntios uma carta tão radical e desafiadora — não apenas para o mundo antigo, mas também para os leitores modernos.

A teologia da autoridade de Paulo tem implicações duradouras. Ela questiona qualquer modelo de liderança cristã que se baseie em imagem, controle ou carisma pessoal. Ela desafia as igrejas a valorizarem a fidelidade em detrimento da ostentação, o serviço em detrimento do status e a graça em detrimento dos dons. Dessa forma, o conflito de Paulo com os "superapóstolos" torna-se um momento gerador de reflexão teológica, convidando os cristãos a considerarem que tipo de líderes realmente refletem a essência do Evangelho.

O amor pastoral e o objetivo da reconciliação

Mesmo quando Paulo se defende com veemência, seu desejo final não é vencer uma discussão, mas restaurar um relacionamento rompido. Sua retórica áspera é acompanhada de profundo afeto. Ele escreve em 6:11: "Falamos francamente a vocês, coríntios; nosso coração está aberto para vocês". Ele os exorta a "abrir também os seus corações" (6:13), instando-os a responder não apenas com concordância, mas com renovada afeição e unidade.

Essa mistura de confronto e compaixão é o que confere a 2 Coríntios seu poder emocional. Paulo não fala de uma posição de fria autoridade, mas de um coração profundamente ferido pela rejeição e ainda ansiando por reconciliação. Sua defesa de seu apostolado é também um chamado para que os coríntios retornem ao próprio evangelho — o evangelho de um Messias crucificado, cujo poder se aperfeiçoa na fraqueza.

Conclusão

A Segunda Epístola aos Coríntios oferece um retrato rico e multidimensional da autoridade apostólica. Paulo confronta seus oponentes não imitando suas táticas, mas demonstrando exatamente o oposto: humildade, integridade, sofrimento e graça. Sua ostentação na fraqueza, sua recusa à exploração financeira e sua aceitação da vulnerabilidade revelam um modelo de liderança profundamente moldado por Cristo. Para os estudantes do Novo Testamento, este capítulo do ministério de Paulo fornece uma lente vital para a compreensão da luta contínua da igreja para discernir a autoridade fiel em um mundo que frequentemente preza o oposto.

Capítulo 5
Estrutura e Características Literárias

A carta de 2 Coríntios é, em muitos aspectos, uma das cartas mais distintas e difíceis do corpus paulino em termos de estrutura e forma literária. Sua profundidade emocional, alcance retórico e mudanças repentinas de tom têm suscitado muitas discussões e debates acadêmicos. Muitos leitores consideraram a carta desconexa, com transições abruptas, desenvolvimentos temáticos que parecem incompletos e uma estrutura que resiste aos contornos suaves encontrados em alguns outros escritos de Paulo, como Romanos ou Filipenses.

No entanto, longe de ser aleatória ou desorganizada, as características literárias da carta estão intimamente ligadas ao seu propósito, contexto e visão teológica. Seja 2 Coríntios lida como um documento unificado ou como uma composição de múltiplas cartas (como discutido no Capítulo 2), ela permanece uma carta emocionalmente carregada e retoricamente rica que revela o coração pastoral e a mente teológica de Paulo. Este capítulo explora a estrutura da carta, suas técnicas retóricas, estratégias literárias e as características únicas que moldam seu poder e complexidade.

Uma Estrutura Desafiadora: Padrões, Rupturas e Debates

À primeira vista, 2 Coríntios parece se dividir em três seções principais. Estudiosos e estudantes costumam resumir a carta da seguinte forma:

Capítulos 1-7: Um apelo pastoral e emocional à reconciliação, juntamente com uma defesa do ministério de Paulo.

Capítulos 8-9: Uma exortação sustentada sobre a coleta para a igreja em Jerusalém.

Capítulos 10-13: Uma defesa polêmica e apaixonada da autoridade apostólica de Paulo contra seus oponentes.

Este esboço geral não é desprovido de mérito. Nos capítulos 1 a 7, Paulo reflete sobre sua aflição, relata sua história conturbada com os coríntios e defende a integridade de seu ministério. Esses capítulos são repletos de transparência emocional, apelo retórico e exposição teológica. Os capítulos 8 e 9, em contraste, mudam para um tema e tom diferentes, oferecendo um incentivo retoricamente rico à generosidade, com exemplos cuidadosamente elaborados e raciocínio teológico. Então, nos capítulos 10 a 13, a carta assume um tom mais combativo, à medida que Paulo desafia diretamente aqueles que estão minando sua autoridade.

Mas a própria nitidez dessas transições levou muitos a questionar se a carta realmente segue uma progressão literária coerente. A mudança do capítulo 9 para o capítulo 10 é especialmente chocante. Não há transição, nem resumo, nem mudança de destinatário. O tom caloroso do capítulo 9 é substituído, sem aviso, pela ironia mordaz e pela retórica defensiva do capítulo 10. Isso alimentou argumentos de que a carta é uma composição de múltiplos documentos, posteriormente costurados (ver Capítulo 2).

Aqueles que defendem a unidade da carta sugerem que sua volatilidade emocional e retórica não é uma falha, mas uma característica da estratégia retórica da carta. Paulo, nessa visão, transita entre diferentes tons e temas para se dirigir a múltiplos grupos dentro da igreja de Corinto — aqueles que se reconciliaram com ele e aqueles que permanecem em oposição. A estrutura, portanto, reflete a natureza fluida e dinâmica do relacionamento de Paulo com seu público, em vez de uma argumentação cuidadosamente linear.

Complexidade e Estratégia Retórica

Uma das chaves mais importantes para a compreensão de 2 Coríntios é o uso de convenções retóricas greco-romanas, que Paulo adapta de maneiras criativas e subversivas. A retórica antiga categorizava o discurso persuasivo em três modos principais de apelo:

Ethos: o caráter e a credibilidade do orador.
Pathos: o envolvimento emocional do público.
Logos: a estrutura lógica do argumento.

Paulo usa todos os três com pleno efeito nesta carta. Seu ethos é central em toda a carta: ele dedica grande parte dos capítulos 1 a 7 à defesa de seu caráter, sinceridade e vocação apostólica. Ele enfatiza seus sofrimentos pessoais, angústia emocional e motivos transparentes, mostrando-se um líder confiável por não ter nada a esconder.

Seu uso do pathos é particularmente impressionante. Em poucos outros lugares do Novo Testamento Paulo revela tanto de sua vida emocional — sua tristeza, medo, alegria, frustração e amor. Ele apela aos coríntios como um pai para seus filhos, como alguém ferido, mas ainda em busca de reconciliação. Seu apelo em 6:11-13 — "Nosso coração está aberto a vocês... abram também os seus corações" — é um momento magistral de pathos, convidando à reciprocidade emocional e à comunhão renovada.

Em termos de logos, a carta é menos linear do que alguns dos outros escritos de Paulo, mas não desprovida de lógica interna. Ele faz uso de argumentos extensos (como no contraste entre a antiga e a nova aliança no capítulo 3), raciocínio teológico (como no apelo à pobreza de Cristo em 8:9) e interpretação das Escrituras (como no uso do véu de Moisés no capítulo 3). As mudanças de tema e tom podem obscurecer o fluxo lógico, mas os argumentos de Paulo visam consistentemente defender sua integridade, afirmar o evangelho e convocar os coríntios a uma maturidade espiritual mais elevada.

Ironia, Sarcasmo e o Discurso do Tolo

Uma das características literárias mais marcantes de 2 Coríntios é o uso que Paulo faz da ironia e do sarcasmo, especialmente nos capítulos 10 a 13. Ele faz frequentes inversões irônicas, vangloriando-se exatamente das coisas que seus oponentes considerariam vergonhosas. Ele fala em termos exagerados sobre os "superapóstolos" (11:5), zomba daqueles que se dizem sábios e se refere à sua própria fala como "inábil" (11:6) em um tom claramente sarcástico. Essas táticas retóricas fazem parte da estratégia mais ampla de Paulo para expor a insensatez dos padrões convencionais de poder e prestígio.

Isso culmina no chamado "Discurso do Tolo" em 11:16-12:10. Aqui, Paulo adota a persona de um tolo para imitar a ostentação de seus oponentes — apenas para subverter todo o gênero. Em vez de se vangloriar de realizações espirituais ou sucesso público, Paulo lista humilhações, espancamentos, naufrágios e noites sem dormir. Ele se vangloria de sua fraqueza, não de sua força. Mesmo quando relata uma experiência visionária (12:1-6), ele rapidamente muda o foco para seu "espinho na carne" e a graça de Deus que o sustenta na fraqueza.

Essa estratégia retórica é profundamente teológica. Paulo usa a ironia não apenas para vencer uma discussão, mas para desvendar uma verdade mais profunda sobre a natureza da liderança cristã e o caráter do poder divino. Por meio da ironia, Paulo rompe o fascínio dos coríntios pela imponência exterior e redireciona a atenção deles para o paradoxo da cruz, onde a fraqueza se torna o canal do poder redentor.

Metáforas, imagens e simbolismo

Outra característica literária importante de 2 Coríntios é o uso que Paulo faz de metáforas vívidas e imagens teológicas. Ele frequentemente recorre à linguagem simbólica para descrever tanto seu próprio ministério quanto a natureza do evangelho. Por exemplo, no capítulo 2, ele se compara a um prisioneiro em uma procissão triunfal romana — sendo conduzido por Deus em um espetáculo público (2:14-16). A imagem é a de uma derrota transformada em testemunho: Paulo pode parecer humilhado, mas por meio dele a fragrância de Cristo se espalha por toda parte.

No capítulo 4, ele descreve o evangelho como um "tesouro em vasos de barro" (4:7), enfatizando a fragilidade do vaso humano e o poder insuperável de Deus. Essa imagem captura o paradoxo central da carta: a glória de Deus revelada por meio da fraqueza humana. Paulo também contrasta a antiga e a nova aliança usando a imagem do rosto velado de Moisés e o rosto sem véu dos crentes transformados pelo Espírito (3:12-18).

Essas metáforas não são apenas floreios retóricos. Elas carregam peso teológico, convidando o leitor a refletir sobre como o poder de Deus opera por meio do comum, do quebrantado e do humilde. Elas também ajudam Paulo a comunicar verdades profundas de maneiras acessíveis e memoráveis, moldando a maneira como os crentes coríntios entendem a si mesmos e seu chamado.

Fragmentação e Coerência: Uma Palavra Final sobre a Forma

Apesar das transições abruptas e oscilações emocionais, 2 Coríntios se mantém unida por um conjunto de temas unificadores: a natureza da autoridade apostólica, o poder da graça divina na fraqueza, o chamado à reconciliação e a integridade do ministério do evangelho. Esses temas ressurgem em diferentes seções da carta, criando uma teia de ideias inter-relacionadas que dão coerência ao que pode, à primeira vista, parecer fragmentado.

Quer se veja a carta como uma composição única ou como um conjunto de várias, a arte literária de 2 Coríntios é inegável. Paulo emprega uma sinfonia de recursos retóricos — narrativa, metáfora, sarcasmo, argumentação teológica, apelo emocional — para comunicar sua mensagem com força e urgência. O resultado não é um ensaio polido ou um tratado bem estruturado, mas uma carta crua e profundamente humana, refletindo as tensões e afeições reais de um líder engajado em um trabalho pastoral difícil.

Conclusão

A estrutura e as características literárias de 2 Coríntios são essenciais para a compreensão tanto da mensagem da carta quanto de seu poder duradouro. Longe de ser uma fraqueza, o tom mutável e a estrutura fragmentada da carta refletem as tensões emocionais e teológicas que Paulo aborda. Suas estratégias retóricas, criatividade literária e imaginação teológica fazem de 2 Coríntios não apenas uma resposta pastoral à crise, mas uma profunda releitura do que significa liderar, sofrer e ministrar em nome de Cristo.

Capítulo 6
Principais temas teológicos

A Segunda Carta de Paulo aos Coríntios não é apenas um de seus escritos mais pessoais, mas também um dos mais profundos teologicamente. Diferentemente de Romanos, onde Paulo desenvolve um argumento doutrinário estruturado, ou Gálatas, onde defende polemicamente a justificação pela fé, 2 Coríntios apresenta uma teologia vivida, corporificada e profundamente relacional. Suas reflexões teológicas emergem no contexto de sofrimento, conflito, relacionamentos rompidos e busca por reconciliação. Nesta carta, Paulo não escreve meramente sobre a verdade divina; ele escreve como alguém que luta para vivê-la em tempo real.

Os temas teológicos de 2 Coríntios são complexos e intimamente interligados. Eles emergem organicamente do propósito da carta: restaurar a comunhão entre Paulo e os coríntios, defender a legitimidade de seu ministério e encorajar a igreja a abraçar uma visão de vida em comum moldada por Cristo. Neste capítulo, exploramos cinco temas teológicos principais: (1) o poder divino revelado por meio da fraqueza humana, (2) o ministério da reconciliação, (3) a nova aliança e a obra do Espírito, (4) a teologia do sofrimento e (5) a graça da doação. Cada um desses temas oferece uma visão não apenas da autocompreensão de Paulo, mas também da natureza da identidade, liderança e comunidade cristãs.

Poder Divino Revelado Através da Fraqueza Humana

Talvez a percepção teológica mais marcante em 2 Coríntios seja a afirmação paradoxal de Paulo de que o poder de Deus se revela mais plenamente na fraqueza. Essa ideia contraria tanto os ideais culturais greco-romanos quanto certas correntes de triunfalismo cristão que equiparam o favor divino à força, ao sucesso ou ao poder terreno. Para Paulo, contudo, a demonstração mais verdadeira do poder de Deus não se dá nas realizações humanas, mas na vulnerabilidade humana.

Este tema é introduzido logo no início da carta e atinge seu clímax nos capítulos 11 e 12. Em 12:7-10, Paulo relata sua experiência com uma aflição persistente — seu "espinho na carne" — que ele repetidamente pedia a Deus para remover. A resposta de Deus foi uma revelação transformadora: "A minha graça te basta, pois o meu poder se aperfeiçoa na fraqueza". Paulo conclui: "Portanto, de boa vontade me gloriarei nas minhas fraquezas, para que o poder de Cristo habite em mim".

Essa teologia tem implicações profundas. Ela redefine sucesso, força e legitimidade à luz de Cristo crucificado, que foi "crucificado em fraqueza, mas vive pelo poder de Deus" (13:4). Paulo identifica seu próprio sofrimento — não como um sinal de fracasso —, mas como o marcador mais claro de um apostolado autêntico. Ele se recusa a se envolver no tipo de vanglória retórica favorecida por seus oponentes. Em vez disso, ele se vangloria exatamente das coisas que, segundo os padrões mundanos, deveriam envergonhar: dificuldades, ansiedade, perigo e fraqueza.

Para Paulo, isso não é simplesmente um mecanismo de enfrentamento. É uma convicção cristológica. A cruz não é apenas o meio de salvação — é o modelo para o ministério e a vida. A liderança cristã não é validada por demonstrações de poder, mas pela participação no sofrimento de Cristo e pela demonstração do poder da ressurreição de Deus em meio à fragilidade humana.

O Ministério da Reconciliação

Um segundo tema importante em 2 Coríntios é a reconciliação — tanto como ato divino quanto como vocação humana. Em 5:18-21, Paulo apresenta uma das declarações teologicamente mais ricas e densamente elaboradas de todos os seus escritos. Ele declara que Deus, por meio de Cristo, reconciliou o mundo consigo mesmo e deu aos crentes o "ministério da reconciliação". Ele descreve a si mesmo e seus cooperadores como "embaixadores de Cristo", suplicando: "Reconciliai-vos com Deus".

Este tema deve ser lido em múltiplos níveis. Primeiro, Paulo proclama a dimensão vertical da reconciliação: que, por meio da morte e ressurreição de Cristo, Deus realizou a restauração de um relacionamento rompido entre si e a humanidade. Essa reconciliação não é algo conquistado ou iniciado por seres humanos. É um dom divino, um ato de graça. O peso teológico dessa afirmação é reforçado pela declaração de Paulo em 5:21: "Aquele que não conheceu pecado, ele o fez pecado por nós, para que nele fôssemos feitos justiça de Deus". Isso é, ao mesmo tempo, uma doutrina de expiação, uma visão da justiça divina e uma proclamação de uma nova identidade.

Em segundo lugar, Paulo enfatiza as implicações horizontais da reconciliação. Como recipientes da graça reconciliadora de Deus, os crentes são chamados a encarnar e praticar a reconciliação em seus relacionamentos uns com os outros. Isso é especialmente pungente no contexto de 2 Coríntios, uma carta escrita a uma comunidade com a qual Paulo havia experimentado distanciamento. Seu apelo aos coríntios não é apenas teórico — é intensamente pessoal. Ele está modelando a própria reconciliação que proclama, mesmo ao custo de exposição emocional e vulnerabilidade.

Por fim, a reconciliação é uma questão de nova criação. Em 5:17, Paulo escreve: "Se alguém está em Cristo, é nova criação: tudo o que era velho já passou; eis que tudo se fez novo!" A reconciliação não se trata apenas de reparar o passado — trata-se de participar da transformação escatológica do mundo por Deus, tornada presente por meio do Evangelho. O ministério da reconciliação, portanto, é um chamado profundamente espiritual, eclesial e cósmico.

A Nova Aliança e o Ministério do Espírito

No capítulo 3, Paulo oferece uma reflexão teológica complexa sobre o contraste entre a antiga e a nova aliança, usando a imagem do rosto velado de Moisés em Êxodo 34. Esta seção da carta está entre as mais desafiadoras e profundas, pois Paulo entrelaça tipologia, teologia da aliança e pneumatologia (a doutrina do Espírito Santo).

Paulo argumenta que a antiga aliança, dada por meio de Moisés e associada à "letra", trouxe morte, condenação e uma glória que estava se esvaindo. A nova aliança, em contraste, está associada ao Espírito, que traz vida, justiça e uma glória duradoura e transformadora. Ele declara em 3:6: "A letra mata, mas o Espírito vivifica". Esse contraste não deve ser entendido como antijudaico ou uma rejeição das Escrituras Hebraicas; em vez disso, Paulo está destacando uma nova fase na atividade redentora de Deus, inaugurada pela vida, morte e ressurreição de Jesus e mediada pelo Espírito.

Na nova aliança, afirma Paulo, os crentes estão sendo transformados "de glória em glória" (3:18) ao contemplarem a glória do Senhor com o rosto descoberto. Essa transformação não é externa ou imposta, mas interna e espiritual. Envolve a conformidade à imagem de Cristo, um processo possibilitado pela presença interior do Espírito Santo.

Essa teologia tem implicações importantes para a visão de Paulo sobre a autoridade apostólica. Sua legitimidade não se baseia em cartas externas de recomendação (3:1), mas na evidência de vidas transformadas. Os próprios Coríntios são sua "carta", escrita não com tinta, mas com o Espírito do Deus vivo em corações humanos (3:3). O ministério, nessa visão, não é uma questão de credenciais humanas, mas de autenticidade espiritual e capacitação divina.

Sofrimento, Aflição e a Vida Cristã

Desde os versículos iniciais da carta, Paulo enquadra o sofrimento como uma dimensão central da existência cristã. Ele começa identificando Deus como o "Pai das misericórdias e o Deus de toda consolação", que consola os crentes em suas aflições para que eles possam consolar os outros (1:3-7). Isso estabelece uma teologia do sofrimento profundamente comunitária, recíproca e redentora.

Para Paulo, o sofrimento não é uma aberração — faz parte da vida cristã normal. Ele conecta os crentes aos sofrimentos de Cristo, forma a base da consolação mútua e se torna o contexto em que o poder de Deus é mais plenamente revelado. Em 4:7-12, Paulo descreve essa dinâmica com imagens inesquecíveis: "Temos este tesouro em vasos de barro" — recipientes frágeis que, no entanto, contêm o poder do evangelho. Os crentes são "atribulados em tudo, mas não angustiados; perplexos, mas não desanimados". Esses paradoxos capturam a tensão entre a realidade presente do sofrimento e o poder sustentador da graça divina.

Além disso, o sofrimento está ligado à esperança da ressurreição. Paulo enquadra sua aflição em um horizonte escatológico: "Por isso, não desanimamos... Pois a nossa leve e momentânea tribulação nos prepara para um peso eterno de glória incomensurável " (4:16-17). Essa perspectiva não minimiza a dor, mas a situa dentro de uma visão mais ampla do propósito divino e da transformação futura.

A teologia do sofrimento de Paulo é particularmente significativa porque serve como um corretivo ao triunfalismo coríntio. Seus oponentes podem ter enfatizado sinais visíveis de poder e sucesso espiritual, mas Paulo insiste que o verdadeiro apostolado — e, de fato, o verdadeiro discipulado — deve passar pelo crisol do sofrimento. A vida cristã tem a forma de uma cruz, e nessa forma reside tanto o desafio quanto o conforto.

A Graça de Dar e a Unidade da Igreja

O último grande tema teológico emerge nos capítulos 8 e 9, onde Paulo encoraja os coríntios a completarem sua participação na coleta para os santos em Jerusalém. Embora esses capítulos se concentrem em uma questão prática — arrecadar dinheiro —, eles estão profundamente enraizados na teologia paulina da graça, da comunhão e da generosidade moldada pelo Evangelho.

Paulo apresenta a doação como um ato de graça (charis), uma palavra que aparece repetidamente ao longo desses capítulos. Assim como a graça de Deus foi derramada em Cristo, os crentes são chamados a refletir essa graça em sua generosidade financeira. Paulo não ordena aos coríntios que doem; em vez disso, ele apela ao exemplo da doação de Cristo: "Pois vocês conhecem a generosidade de nosso Senhor Jesus Cristo, que, sendo rico, se fez pobre por amor de vocês" (8:9). Aqui, a encarnação e a crucificação são apresentadas como o padrão máximo de generosidade.

Além disso, Paulo enquadra a coleta como uma questão de igualdade e parceria. Ele lembra aos coríntios que, assim como outros estão em necessidade agora, eles também podem um dia estar em necessidade. O princípio não é coerção, mas cuidado mútuo (8:13-14). Doar, portanto, torna-se um sinal de koinōnia — vida compartilhada, solidariedade e unidade entre as divisões étnicas, geográficas e econômicas.

Esta teologia é particularmente significativa à luz do desafio da igreja primitiva de manter a unidade entre os crentes judeus e gentios. A oferta não é simplesmente um esforço humanitário; é um símbolo do povo escatológico de Deus — uma família, reconciliada em Cristo, vivendo as implicações do Evangelho por meio de atos concretos de cuidado.

Conclusão: Profundidade Teológica de uma Vida Derramada

A teologia de 2 Coríntios não é apresentada em um púlpito ou pódio — ela emerge de noites sem dormir, relacionamentos tensos e feridas profundas. Paulo escreve como um homem cuja vida está sendo derramada por Cristo e pela igreja. Suas reflexões sobre fraqueza, reconciliação, o Espírito, sofrimento e generosidade são fundamentadas na experiência, moldadas pelas Escrituras e iluminadas pela cruz.

Nesta carta, teologia e vida são inseparáveis. Paulo exemplifica o que significa pensar teologicamente em meio ao conflito, ministrar fielmente diante da rejeição e confiar no poder de Deus quando todos os recursos humanos falham. Para estudantes e leitores de hoje, 2 Coríntios oferece não apenas doutrina, mas uma maneira de ver — e viver — a vida cristã: como uma jornada de humildade, graça e transformação por meio de Cristo que morreu e vive novamente.

Capítulo 7
A Coleção de Jerusalém (Capítulos 8–9)

Em 2 Coríntios, os capítulos 8 e 9 representam uma notável mudança de assunto. Após um apelo pessoal e emocional nos capítulos 1 a 7 e precedendo uma defesa confrontacional da autoridade apostólica de Paulo nos capítulos 10 a 13, esses dois capítulos podem, a princípio, parecer um interlúdio voltado para uma tarefa administrativa prática: arrecadar dinheiro. No entanto, o que Paulo está fazendo aqui é muito mais significativo do que organizar uma arrecadação de fundos. Esses capítulos representam uma das reflexões teológicas mais consistentes sobre generosidade, graça, unidade e cuidado mútuo em todo o corpus paulino. Neles, encontramos não apenas Paulo, o missionário e apóstolo, mas Paulo, o arquiteto teológico de uma igreja moldada pela entrega cristã.

A coleta de Jerusalém — uma oferta financeira para os fiéis pobres de Jerusalém, coletada das igrejas gentias de Paulo — representa um símbolo da visão escatológica de Paulo para a igreja: um corpo unido de judeus e gentios, formado pelo evangelho, vivendo em dependência e amor mútuos. O apelo de Paulo em 2 Coríntios 8–9 combina retórica persuasiva, profundidade teológica e sensibilidade pastoral, convocando os coríntios a expressarem sua fé por meio de generosidade tangível. Este capítulo explora o contexto e o significado da coleta, as estratégias retóricas e teológicas de Paulo e as implicações mais amplas para a identidade cristã, a mordomia e a unidade eclesial.

O contexto e o significado da Coleção de Jerusalém

A coleta de Jerusalém foi uma das características definidoras do ministério público de Paulo na década de 50 d.C. Mencionada em diversas cartas — especialmente Romanos (15:25-27), 1 Coríntios (16:1-4) e Gálatas (2:10) —, essa iniciativa foi muito mais do que um projeto de caridade pontual. Foi uma iniciativa transregional de longo prazo que Paulo perseguiu com apaixonada preocupação teológica e pastoral.

O objetivo imediato da coleta era o alívio econômico para os fiéis em Jerusalém, que enfrentavam dificuldades devido a uma série de fatores. Entre eles, talvez a fome, a instabilidade política, a perseguição e a condição marginal dos cristãos judeus no mundo judaico e greco-romano. Mas as motivações de Paulo iam muito além da economia. Para ele, a coleta era uma forma de construir unidade em toda a igreja, expressar a graça recíproca que definia a comunidade cristã e cumprir a própria missão para a qual havia sido chamado.

Em Gálatas 2:10, Paulo relembra como os líderes da igreja de Jerusalém — os chamados "pilares" de Tiago, Pedro e João — haviam endossado sua missão aos gentios, com uma estipulação: "Eles pediram apenas uma coisa: que nos lembrássemos dos pobres, o que, na verdade, eu estava ansioso para fazer ". Desde os primeiros estágios de seu ministério, então, Paulo viu o ato de cuidar dos pobres — especialmente entre os crentes judeus — como uma obrigação teológica e um gesto de solidariedade entre cristãos judeus e gentios.

Teologicamente, a coleção funciona como uma representação visível do evangelho de Paulo: um evangelho que une pessoas além das fronteiras, que convoca os crentes ao amor abnegado e que torna tangível a graça que Deus demonstrou em Cristo. Ao convidar suas igrejas gentias a doarem aos seus irmãos judeus em Cristo, Paulo estava promovendo não apenas a generosidade financeira, mas também a reconciliação intercultural, um ato profundamente contracultural em um mundo marcado por tensões e suspeitas étnicas.

O exemplo macedônio e a retórica do encorajamento (2 Coríntios 8)

Paulo inicia seu apelo no capítulo 8 elogiando as igrejas da Macedônia — incluindo Filipos, Tessalônica e Bereia — por sua extraordinária generosidade. Essas igrejas, diz ele, doaram generosamente não por abundância, mas por "extrema pobreza", motivadas por "transbordante alegria" (8:2). Sua generosidade superou as expectativas de Paulo: doaram voluntariamente, "acima de suas posses", e até mesmo "nos suplicaram com insistência o privilégio de participar deste ministério em favor dos santos" (8:3-4).

Esse movimento retórico serve a vários propósitos. Primeiro, apresenta os macedônios como exemplos de generosidade cristã, contrastando sua doação ávida com a ação tardia dos coríntios. Paulo não está envergonhando os coríntios — ele evita a acusação direta —, mas os está motivando por meio de uma comparação positiva. O exemplo dos macedônios funciona tanto como encorajamento quanto como um desafio gentil.

Em segundo lugar, Paulo enquadra a doação dos macedônios como um ato de graça. A palavra grega charis aparece repetidamente neste capítulo, não apenas para descrever o dom de Deus, mas também para caracterizar o próprio ato de doar. Este é um movimento teológico crucial. Paulo não está apenas pedindo aos coríntios que cumpram um dever ou cumpram uma cota. Ele os está convidando a participar da economia da graça divina, onde dar é uma resposta natural ao ter recebido de Deus.

O ponto central teológico do capítulo é 8:9: "Pois vocês conhecem a generosidade [charis] de nosso Senhor Jesus Cristo, que, sendo rico, se fez pobre por amor de vocês, para que pela sua pobreza vocês se tornassem ricos." Aqui, Paulo fundamenta a generosidade cristã na cristologia. Assim como Cristo abriu mão da glória celestial para assumir a pobreza humana e sofrer pelos outros, os cristãos são chamados a espelhar essa entrega em suas próprias vidas. A generosidade não é meramente um dever moral; é um estilo de vida moldado por Cristo.

Além disso, Paulo fala sobre dar como um ato de adoração e relacionamento. Os macedônios, diz ele, "se entregaram primeiramente ao Senhor e, pela vontade de Deus, a nós" (8:5). Sua oferta financeira flui de um ato mais profundo de auto-oferta a Deus, ressaltando que a generosidade surge da devoção espiritual, não da pressão social.

Igualdade, Reciprocidade e Mutualidade Eclesial

Em 8:10-15, Paulo apresenta um argumento teológico enraizado no princípio da igualdade (isotēs). Ele lembra aos coríntios que não está pedindo que eles contribuam para que outros possam viver em conforto enquanto sofrem. Em vez disso, ele os convoca ao equilíbrio e ao cuidado mútuo: "A vossa abundância, neste tempo presente, supra a necessidade deles, para que a abundância deles supra a vossa necessidade" (8:14).

Esta é uma visão teológica profunda. Paulo afirma que a igreja não é apenas uma comunhão espiritual, mas uma economia mútua de graça e provisão. A riqueza material dos coríntios pode suprir as necessidades da igreja de Jerusalém agora, e em outra época, o fluxo pode se inverter. Este princípio de reciprocidade não se baseia em justiça estrita, mas na solidariedade comunitária.

Para apoiar seu ponto, Paulo cita Êxodo 16:18, que relata a distribuição do maná no deserto: "Aquele que tinha muito não teve demais, e aquele que tinha pouco não teve de menos." Ao invocar essa narrativa, Paulo vincula a coleta à provisão de Deus para Israel no deserto, reforçando a ideia de que Deus pretende que as comunidades de fé compartilhem os recursos de forma equitativa, não os acumulem.

Na visão de Paulo, a igreja funciona como uma família espiritual e econômica, rompendo barreiras de classe, etnia e geografia. Dar não é caridade dos ricos para os pobres; é um ato sacramental de pertencimento mútuo em Cristo. Em um mundo definido pela desigualdade econômica e pelo status social, a teologia da mutualidade de Paulo desafia os cristãos a viverem como participantes de uma comunidade radicalmente contracultural de vida e graça compartilhadas.

Doações Alegres e a Abundância de Deus (2 Coríntios 9)

No capítulo 9, Paulo revisita o tema da coleta, reforçando a importância da doação alegre, voluntária e espiritualmente frutífera. Ele começa com uma mistura de encorajamento e cautela: o entusiasmo inicial dos coríntios havia inspirado outros (particularmente os macedônios), e agora era hora de cumprir o que haviam começado (9:2-5).

Paulo tem o cuidado de evitar qualquer aparência de coerção. Sua preocupação não é com o tamanho da oferta, mas com o espírito com que ela é dada. Em 9:7, ele escreve: "Cada um contribua conforme tiver proposto, não com pesar ou por obrigação, pois Deus ama quem dá com alegria." A palavra traduzida como "alegre" (hilaros) sugere alegria, liberdade e espontaneidade. A visão de Paulo sobre dar está longe de ser uma obrigação — ela está enraizada no deleite na generosidade de Deus.

Paulo também enfatiza que Deus provê os recursos necessários para tal doação. Em 9:8, ele oferece uma promessa marcante: "Deus é poderoso para vos dar abundantemente toda sorte de bênçãos, para que, tendo sempre o suficiente em tudo, possais participar abundantemente de toda boa obra. " Este não é um evangelho da prosperidade. Paulo não sugere que dar leva à riqueza. Em vez disso, ele afirma que Deus é a fonte de toda provisão e que os crentes podem dar livremente porque Deus é fiel para sustentá-los.

Além disso, os resultados da doação vão além da satisfação das necessidades materiais. Paulo prevê uma reação em cadeia de louvor e ação de graças: "Vocês serão enriquecidos em tudo pela grande generosidade de vocês, a qual, por nosso intermédio, resultará em ações de graças a Deus" (9:11). A generosidade leva à adoração, aprofunda a unidade da igreja e serve como testemunho da graça de Deus em ação.

Integridade Ética e Responsabilidade Pastoral

Um aspecto importante, mas às vezes negligenciado, da discussão de Paulo nos capítulos 8 e 9 é sua ênfase na transparência e na conduta ética ao lidar com a coleta. Ele tem plena consciência de que dinheiro e liderança são terreno fértil para suspeitas. Para se proteger contra possíveis acusações, Paulo explica cuidadosamente as medidas tomadas para garantir que a coleta seja tratada com integridade.

Ele menciona o envio de companheiros de confiança — Tito e outros — que provaram seu valor no ministério e são respeitados pelas igrejas (8:16-24). Paulo os descreve como "irmãos" que atuam como delegados das igrejas e emissários de Cristo. Ao nomear múltiplos representantes e manter o processo aberto e responsável, Paulo demonstra um compromisso pastoral com a mordomia ética e com a preservação da confiança em sua liderança.

Essa atenção aos detalhes reflete uma verdade mais ampla: para Paulo, a maneira como o ministério é conduzido importa tanto quanto o resultado. Os líderes devem incorporar o evangelho não apenas naquilo que pregam, mas também na maneira como lidam com responsabilidades, recursos e relacionamentos. A generosidade não é apenas uma virtude espiritual; é também um teste de caráter e de confiança comunitária.

Conclusão: O Evangelho em Ação

A passagem de 2 Coríntios 8–9 apresenta uma das visões teológicas mais abrangentes da doação e da comunidade cristã no Novo Testamento. Nesses capítulos, Paulo faz mais do que arrecadar fundos — ele articula uma visão da igreja como uma comunidade moldada pela graça, unida pelo amor, pela responsabilidade mútua e por um compromisso compartilhado com o evangelho.

A coleta de Jerusalém não foi meramente um projeto econômico. Foi uma demonstração teológica do que significa viver à luz da entrega de Cristo. Ela promulgou a unidade entre judeus e gentios, expressou o poder transformador da graça e testemunhou uma nova maneira de ser humano: uma em que a abundância é compartilhada, as necessidades são atendidas e a ação de graças transborda.

Para os leitores de hoje, este texto oferece um desafio e um convite: reimaginar a mordomia não como um fardo, mas como uma alegria, enxergar a generosidade não como perda, mas como ganho, e incorporar o amor reconciliador de Cristo na forma como compartilhamos o que temos. Nas mãos de Paulo, uma campanha de arrecadação de fundos se torna um ato sacramental de adoração, justiça e amor comunitário — uma visão tão convincente hoje quanto era no primeiro século.

Capítulo 8
Comparação com 1 Coríntios

As duas cartas de Paulo aos Coríntios — 1 Coríntios e 2 Coríntios — oferecem uma rara e esclarecedora janela para o relacionamento dinâmico e complexo entre um apóstolo e uma igreja local. Em nenhum outro lugar do Novo Testamento temos um registro tão contínuo e transparente de engajamento pastoral contínuo, reflexão teológica e conflito relacional. Lidas em conjunto, essas duas cartas nos permitem traçar não apenas a continuidade teológica, mas também mudanças de tom, ênfase e abordagem retórica, moldadas pelas mudanças nas circunstâncias da vida da igreja de Corinto e pela luta contínua de Paulo para estabelecer e manter sua autoridade apostólica.

Embora ambas as cartas se dirijam à mesma comunidade cristã, elas são marcadamente diferentes em estilo, tom e conteúdo. Neste capítulo, examinamos as principais áreas de continuidade e contraste entre 1 Coríntios e 2 Coríntios, com foco no relacionamento de Paulo com a igreja, no tom pastoral e na estratégia retórica, nos temas teológicos e nas visões de liderança e autoridade. Essa comparação destaca como a teologia de Paulo é sempre contextual e como ele adapta sua mensagem e estratégia para atender às necessidades mutáveis da comunidade para a qual escreve.

Relacionamento e Contexto: Da Instrução à Reconciliação

Na época em que Paulo escreveu 1 Coríntios, seu relacionamento com a igreja em Corinto era tenso, mas ainda marcado pelo reconhecimento mútuo. A igreja via Paulo como seu fundador e pai espiritual, mesmo enfrentando sérios problemas. 1 Coríntios foi escrita em resposta a relatos de divisão, imoralidade, confusão doutrinária e desordem litúrgica, mas Paulo ainda assume a autoridade para corrigir, ensinar e guiar. Embora firme no tom, sua voz em 1 Coríntios é amplamente construtiva — buscando instruir, advertir e exortar uma igreja que permanece, por mais disfuncional que seja, sob seus cuidados pastorais.

Em contraste, 2 Coríntios reflete uma profunda crise no relacionamento de Paulo com a igreja. Entre as duas cartas, algo significativo ocorreu. Paulo se refere em 2 Coríntios a uma "visita dolorosa" (2:1) e a uma "carta cheia de lágrimas" (2:3-4; 7:8), sugerindo um confronto que deixou feridas em ambos os lados. Uma facção dentro da igreja de Corinto evidentemente questionou a autoridade e a sinceridade de Paulo, possivelmente influenciada por mestres rivais que pareciam mais carismáticos e culturalmente impressionantes do que Paulo. Essa oposição criou não apenas conflito teológico, mas também distanciamento relacional.

Como resultado, 2 Coríntios é muito mais emocional, pessoal e defensivo. Paulo não está apenas instruindo; ele está defendendo seu ministério, explicando suas ações e implorando pela restauração da confiança. A distância relacional entre Paulo e os coríntios torna-se o motor emocional da carta, produzindo alguns dos textos mais vulneráveis e intensos do corpus paulino.

Assim, enquanto 1 Coríntios é marcado pelo papel de Paulo como mestre e fundador da igreja, 2 Coríntios apresenta Paulo como um reconciliador ferido, mas persistente, lutando não apenas pela clareza doutrinária, mas pelo próprio cerne de seu relacionamento com a igreja que ele ama.

Tom e Estratégia Retórica: Do Didático ao Defensivo

O tom e a postura retórica das duas cartas diferem significativamente. 1 Coríntios é confiante, racional e metódico. Paulo organiza suas respostas em uma série de tópicos, frequentemente introduzidos com a frase "agora concernente a..." (grego: peri de), sugerindo que está abordando questões específicas que lhe foram enviadas pela igreja (por exemplo, casamento, alimentos oferecidos a ídolos, dons espirituais). Ele frequentemente usa argumentação dialética, partindo de princípios gerais para aplicações específicas. Embora seu tom seja ocasionalmente severo — especialmente ao abordar imoralidade sexual e processos judiciais entre crentes —, ele fala como alguém cuja autoridade apostólica é reconhecida, embora nem sempre acolhida.

A Segunda Epístola aos Coríntios, no entanto, é muito mais intensa emocionalmente e retoricamente imprevisível. Paulo transita entre o calor pastoral (caps. 1-7), os apelos persuasivos (caps. 8-9) e o confronto amargo (caps. 10-13). Às vezes, ele parece à beira do desespero; outras vezes, fala com sarcasmo mordaz. Suas estratégias retóricas incluem vanglória (ironicamente), autoexposição, argumentação defensiva e apelos apaixonados à história compartilhada.

Essa mudança reflete não apenas o colapso relacional, mas também a consciência de Paulo sobre expectativas retóricas conflitantes. Em 1 Coríntios, ele critica a sabedoria e a eloquência mundanas (1 Co 1:17-2:5), mas em 2 Coríntios, ele lida com oponentes que provavelmente se apresentaram como oradores sofisticados e elites espirituais. Em resposta, Paulo emprega a categoria retórica da "palavra do tolo" (2 Co 11:16-12:10), parodiando o amor coríntio pela vanglória e invertendo-o para enfatizar seu sofrimento e fraqueza.

Assim, enquanto 1 Coríntios apresenta Paulo como um instrutor lógico, 2 Coríntios o mostra como um pastor ferido, mas sábio, envolvido em combate retórico enquanto modela a natureza cruciforme da liderança cristã.

Continuidades e desenvolvimentos teológicos

Apesar das diferenças de tom e ocasião, as duas cartas compartilham continuidades teológicas significativas, mesmo que se desenvolvam em direções diferentes. No cerne de ambas está uma teologia cristocêntrica moldada pela cruz.

Em 1 Coríntios, Paulo enfatiza a loucura da cruz em contraste com a sabedoria mundana (1:18-31). A cruz, argumenta ele, subverte as expectativas sociais e filosóficas, tornando-se tanto o conteúdo quanto o método do evangelho. Esse mesmo tema é intensificado em 2 Coríntios, onde a vanglória de Paulo na fraqueza (caps. 11-12) se torna uma expressão viva da teologia cruciforme. O que é argumentado em princípio em 1 Coríntios se materializa na experiência em 2 Coríntios.

Ambas as cartas também tratam da ressurreição, mas de maneiras diferentes. Em 1 Coríntios 15, Paulo oferece uma extensa defesa teológica da ressurreição corpórea, contrapondo-se àqueles que a negam. Em 2 Coríntios 4–5, ele reflete mais pessoalmente sobre a esperança da ressurreição em meio ao sofrimento, contrastando o corpo exterior que se desfaz com a vida interior que se renova. Ele anseia pela "morada celestial" e antecipa a transformação do corpo, mas seu foco é mais pastoral do que polêmico.

Outro tema compartilhado é a obra do Espírito. Em 1 Coríntios, o Espírito capacita dons para o bem comum (caps. 12-14), promove a unidade e testifica o senhorio de Cristo. Em 2 Coríntios 3, Paulo conecta o Espírito à nova aliança, descrevendo como o Espírito transforma os crentes à imagem de Cristo "de glória em glória" (3:18). Enquanto 1 Coríntios enfatiza o papel do Espírito na vida da comunidade, 2 Coríntios enfatiza a obra do Espírito de transformação interior e renovação da aliança.

No geral, ambas as cartas compartilham um formato trinitário, uma forte ênfase na ética cristã e uma teologia centrada na graça, na cruz, na ressurreição e na igreja. No entanto, 2 Coríntios aprofunda e personaliza esses temas, refletindo um Paulo mais vulnerável e espiritualmente maduro.

Visão eclesial e a forma da comunidade cristã

A visão de Paulo sobre a igreja também se desenvolve entre as duas cartas. Em 1 Coríntios, ele se preocupa com ordem, disciplina e unidade. Ele aborda divisões ("Eu pertenço a Paulo... Eu pertenço a Apolo"), questiona abusos no culto (especialmente na Ceia do Senhor) e clama por santidade nos relacionamentos. Seu tom é, às vezes, corretivo e autoritário, buscando reorganizar uma congregação fragmentada e disfuncional.

Em 2 Coríntios, o foco está menos na ordem estrutural e mais na reconciliação relacional e na vulnerabilidade compartilhada. Paulo apela aos coríntios como pais para filhos (6:13), como ministros da nova aliança (3:6) e como alguém cuja autoridade existe "para edificar, não para destruir" (10:8; 13:10). Sua visão da igreja em 2 Coríntios é marcada pelo sofrimento mútuo, encorajamento mútuo e participação compartilhada no evangelho (1:6-7).

Paulo também desenvolve uma visão da igreja como agentes de reconciliação. Em 2 Coríntios 5:18-20, ele articula uma profunda teologia da missão da igreja: "Deus nos confiou o ministério da reconciliação... somos embaixadores de Cristo". Essa ideia não está ausente em 1 Coríntios, mas é trazida à tona na carta posterior, moldada pela necessidade de reparar um relacionamento danificado.

Liderança e Autoridade Apostólica

Uma última e crucial área de comparação é a compreensão de Paulo sobre a autoridade apostólica. Em 1 Coríntios, Paulo exerce autoridade com clareza e confiança. Ele admoesta, instrui e até ameaça com medidas disciplinares (por exemplo, entregando alguém "a Satanás" em 1 Coríntios 5:5). Ele reivindica o direito de ser sustentado financeiramente (1 Coríntios 9), mesmo que opte por não usá-lo, e fala como um líder fundador cuja autoridade não é questionada, embora não inquestionável.

Em 2 Coríntios, porém, sua autoridade é questionada e frágil. Ele é acusado de ser "ousado nas letras, mas fraco na pessoa" (10:10), e dedica um espaço significativo à defesa da legitimidade de seu apostolado. Mas, em vez de responder com ordens duras ou demonstrações de poder, Paulo redefine a autoridade apostólica como o poder de sofrer, servir e amar.

Ele se apresenta como um servo de Cristo e da igreja, disposto a suportar dificuldades e humilhações pelo bem dos outros. Sua liderança é cruciforme, enraizada não no domínio, mas no amor abnegado. Essa mudança da instrução assertiva em 1 Coríntios para a redefinição defensiva em 2 Coríntios revela o aprofundamento da compreensão de Paulo sobre a liderança cristã como reflexo da humildade de Cristo.

Conclusão: Duas Cartas, Um Evangelho

1 Coríntios e 2 Coríntios são cartas distintas, nascidas de momentos distintos no relacionamento de Paulo com a igreja de Corinto. Uma é estruturada, didática e pastoralmente autoritária. A outra é emocionalmente crua, retoricamente complexa e relacionalmente urgente. No entanto, por trás dessas diferenças, encontra-se uma mensagem evangélica consistente: as boas novas de Jesus Cristo crucificado e ressuscitado, cuja graça transforma vidas e cujo poder se revela na fraqueza.

Juntas, as duas cartas demonstram a adaptabilidade pastoral, a profundidade teológica e a vulnerabilidade pessoal de Paulo. Elas oferecem a estudantes e leitores de hoje um rico retrato de um ministério baseado em princípios e compassivo, enraizado na verdade, mas moldado pelo amor. Ao compará-las, obtemos uma visão não apenas da jornada apostólica de Paulo, mas também dos desafios e possibilidades da comunidade cristã ao longo do tempo.

Capítulo 9
2 Coríntios no Corpus Paulino e no Novo Testamento

Entre as treze cartas atribuídas a Paulo no Novo Testamento, 2 Coríntios ocupa um lugar singular. É a carta de Paulo mais emocionalmente exposta e com camadas retóricas mais profundas — ao mesmo tempo profundamente pessoal e profundamente teológica. Ao contrário de outras epístolas com foco mais sistemático ou doutrinário, 2 Coríntios emerge de uma ruptura relacional e de resistência espiritual. Por essa razão, sua voz é diferente de qualquer outra no corpus paulino.

Para compreender o pleno significado de 2 Coríntios, precisamos considerar como ela se encaixa no conjunto mais amplo dos escritos de Paulo e como contribui para o testemunho teológico e pastoral do Novo Testamento como um todo. Este capítulo explora como 2 Coríntios complementa e amplia os principais temas de Paulo em suas cartas, como refina nossa compreensão do ministério e do sofrimento cristãos e como funciona canonicamente dentro da estrutura teológica mais ampla do Novo Testamento. Seu legado duradouro reside na representação do ministério evangélico como cruciforme, guiado pelo Espírito e fundamentado na graça divina em meio à fragilidade humana.

2 Coríntios e a forma mais ampla da teologia paulina

Quando lida em conjunto com outras cartas incontestáveis de Paulo — Romanos, 1 Coríntios, Gálatas, Filipenses, 1 Tessalonicenses e Filemom — 2 Coríntios oferece uma ênfase teológica distinta. Compartilha muitas das convicções centrais de Paulo, como a salvação pela graça, o poder transformador do Espírito e a centralidade da morte e ressurreição de Cristo. Mas em 2 Coríntios, esses temas são apresentados sob a ótica da crise pastoral e da vulnerabilidade emocional.

Em vez de oferecer uma exposição teológica abstrata, Paulo revela aqui como a teologia se enraíza no solo do ministério da vida real. Ele não descreve a graça meramente como um conceito teológico, mas como uma realidade vivenciada que o sustenta em meio à aflição. Ele não ensina apenas sobre fraqueza e poder — ele os vivencia em sua própria jornada apostólica. Sua famosa declaração em 12:9: "A minha graça te basta, pois o meu poder se aperfeiçoa na fraqueza", torna-se a âncora teológica de toda a carta.

Essa teologia da força divina manifestada por meio da fraqueza humana não contradiz os argumentos de Romanos ou Gálatas, mas os complementa e aprofunda. Em Romanos, Paulo expõe a lógica da justificação e o triunfo da graça sobre o pecado. Em 2 Coríntios, ele explora a aparência da graça quando tudo está desmoronando — quando a autoridade de alguém é questionada, os relacionamentos estão desgastados e as provações físicas e emocionais parecem avassaladoras. Esta carta oferece uma teologia vivida do sofrimento moldada pela esperança da ressurreição.

Além disso, 2 Coríntios avança a teologia de Paulo sobre a nova aliança de maneiras singulares. Embora a linguagem de "aliança" esteja dispersa em outras cartas, aqui Paulo reflete longamente sobre o contraste entre a antiga e a nova aliança (capítulo 3). Ele apresenta a nova aliança como um ministério do Espírito, escrito não em tábuas de pedra, mas em corações humanos, marcado por liberdade, glória e transformação. Dessa forma, 2 Coríntios fundamenta o evangelho de Paulo na continuidade bíblica, ao mesmo tempo em que aponta para o futuro da igreja, fortalecido pelo Espírito.

Paralelos literários e teológicos no Corpus Paulino

Embora 2 Coríntios seja frequentemente considerada a carta de Paulo mais emocionalmente complexa, ela compartilha uma continuidade temática e retórica significativa com seus outros escritos. Reconhecer esses paralelos ajuda a situar a carta dentro do corpus paulino mais amplo, iluminando tanto suas contribuições singulares quanto sua coerência com o pensamento geral de Paulo.

A narrativa autobiográfica é um desses pontos de contato. Paulo usa o testemunho pessoal em Gálatas para defender a origem divina do seu evangelho, e em Filipenses para exortar os fiéis a imitarem a humildade de Cristo. Em 2 Coríntios, contudo, a autobiografia torna-se defesa pastoral, uma estratégia não para afirmar superioridade, mas para modelar integridade. Nos capítulos 11 e 12, Paulo cataloga seus sofrimentos, não para se vangloriar, mas para subverter a própria noção de vanglória. Essa vulnerabilidade autobiográfica torna-se uma teologia performativa — ele demonstra o evangelho ao incorporá-lo.

Outras cartas também ecoam temas importantes encontrados em 2 Coríntios. A imagem de transformação e glória no capítulo 3 ressoa com a renovação da mente em Romanos 12:1-2 e o chamado para imitar a Cristo em Filipenses 2:5-11. O anseio de Paulo pela ressurreição e pelo "peso eterno de glória" (4:17) é paralelo à sua visão escatológica em Romanos 8:18-25 e 1 Tessalonicenses 4:13-18. Da mesma forma, a ênfase na renovação interior do crente alinha-se com sua visão de santificação em 1 Tessalonicenses e Filipenses.

Literalmente, 2 Coríntios contém algumas das técnicas retóricas mais ousadas de Paulo — especialmente o tom irônico, até mesmo sarcástico, dos capítulos 10 a 13. Embora Paulo ocasionalmente use retórica áspera em outros lugares (como em Gálatas), 2 Coríntios é incomparável no uso da ironia para desmantelar a lógica do triunfalismo espiritual. A chamada "Palavra do Tolo" de Paulo (11:16-12:10) não é simplesmente retórica inteligente — é uma profunda inversão teológica de valores mundanos, enraizada no exemplo de Cristo crucificado.

2 Coríntios e o Desenvolvimento da Ética e do Ministério Paulino

2 Coríntios é especialmente importante para compreender como Paulo concebe a liderança cristã, o ministério e a identidade ética. Em outras cartas, Paulo ensina que o ministério envolve proclamação, serviço e governança da igreja. Aqui, ele expande essa visão retratando o ministério como sofrimento, reconciliação, transparência e perseverança espiritual.

Ao longo da carta, Paulo resiste às expectativas culturais de autoridade religiosa. Ele se recusa a se apresentar como alguém impressionante pelos padrões greco-romanos. Não exige patrocínio, nem se defende com retórica rebuscada ou visões grandiosas. Em vez disso, define o ministério autêntico por meio da fraqueza, da aflição e do amor sacrificial. Sua identidade apostólica é inseparável da cruz: "Trazemos sempre no corpo o morrer de Jesus, para que a vida de Jesus também se manifeste em nossos corpos" (4:10).

Este tema ressoa além das circunstâncias imediatas de Paulo. Sua visão de ministério moldou a compreensão cristã da liderança espiritual ao longo dos séculos — não como domínio hierárquico, mas como serviço semelhante ao de Cristo. A ênfase na transparência (4:1-2), integridade (8:20-21) e recusa à exploração (11:7-9) estabelece um alto padrão ético para aqueles a quem é confiada autoridade espiritual.

Além disso, 2 Coríntios expande a visão de Paulo sobre ética para além do comportamento individual. Reflete uma ética comunitária robusta, especialmente por meio da teologia da coleta de Jerusalém (caps. 8-9). Aqui, Paulo exorta os coríntios a doarem generosamente — não por obrigação, mas como um ato de graça, igualdade e vida compartilhada. A ética, nessa visão, não é uma questão privada, mas uma prática relacional, econômica e eclesial, profundamente enraizada na generosidade de Deus.

Colocação canônica e contribuição ao testemunho do Novo Testamento

Situado dentro do cânon do Novo Testamento, 2 Coríntios contribui com uma voz teológica e pastoral vital. Sua posição entre 1 Coríntios e Gálatas fornece uma ponte entre as preocupações práticas da Igreja e a intensa controvérsia teológica, mas mantém seu próprio caráter como uma carta de reconciliação, lamento e poder paradoxal.

Ao contrário das narrativas dos Evangelhos ou de Atos, 2 Coríntios não relata eventos da vida de Jesus ou dos primeiros dias da igreja. E, diferentemente de Romanos, não oferece uma exposição sistemática da doutrina. Mas o que 2 Coríntios oferece é a voz do apóstolo em crise, elaborando teologia em tempo real, lutando para preservar a integridade do Evangelho e os laços da comunidade cristã.

Isso torna 2 Coríntios especialmente valioso no cânon. Mostra o custo do ministério evangélico, o desgaste emocional da liderança e a esperança que sustenta os crentes diante da decepção. Reforça a visão de Deus não apenas como Criador e Redentor, mas também como Aquele que consola os aflitos, ressuscita os mortos e fortalece os vasos frágeis com força divina.

Suas contribuições teológicas — sobre reconciliação, a nova criação, a transformação guiada pelo Espírito e o ministério da fraqueza — se entrelaçam com o testemunho mais amplo do Novo Testamento. Complementa a cristologia de João, a narrativa missionária de Atos, a eclesiologia de Efésios e a escatologia do Apocalipse, mantendo seu foco distintivo na graça, na perseverança e no paradoxo do poder através da fraqueza.

Recepção, Interpretação e Legado

Ao longo da história cristã, 2 Coríntios desempenhou um papel poderoso, embora às vezes subestimado, na formação espiritual, na teologia pastoral e na identidade eclesial. Os primeiros Padres da Igreja se basearam nela para defender a humildade e a autenticidade apostólicas. Reformadores como Martinho Lutero e João Calvino retornaram a ela por sua ênfase na graça divina e nos desafios espirituais do ministério. Nos tempos modernos, teólogos, eticistas e estudiosos da Bíblia reconheceram sua relevância para uma igreja que enfrenta crises de confiança, sofrimento e liderança.

Passagens-chave de 2 Coríntios se tornaram fundamentais na vida cristã: a afirmação de que "temos este tesouro em vasos de barro" (4:7), a visão de que "se alguém está em Cristo, nova criação é" (5:17) e a promessa de que "minha graça te basta" (12:9) se tornaram pedras de toque para identidade, perseverança e missão.

Em tempos de divisão, 2 Coríntios fala de reconciliação. Em tempos de dúvida ou escândalo institucional, clama por integridade e humildade. Em tempos de cansaço ou tristeza, oferece consolo. É uma carta que encontra os crentes onde eles estão, não com respostas fáceis, mas com realismo evangélico e esperança redentora.

Conclusão: O Centro Cruciforme do Testemunho Paulino

A segunda carta de Paulo aos Coríntios não é um tratado teológico abstrato, nem é meramente uma carta pessoal. É uma epístola cruciforme, um documento vivo no qual a teologia, a espiritualidade e o sofrimento de Paulo convergem. Ela oferece uma das imagens mais claras do Novo Testamento do que significa seguir a Cristo na fraqueza, ministrar em meio à dor e amar uma comunidade mesmo quando esse amor não é totalmente correspondido.

No corpus paulino mais amplo e no cânone do Novo Testamento, 2 Coríntios oferece à igreja uma visão do ministério evangélico emocionalmente honesta, espiritualmente rica e teologicamente profunda. Seu valor duradouro reside em seu testemunho do poder de Deus aperfeiçoado na fraqueza e de uma graça que sustenta mesmo diante da rejeição, da incompreensão e da perda.

Para estudantes, ministros e todos os leitores das Escrituras, 2 Coríntios continua sendo um convite profundo — não apenas para entender Paulo, mas para se juntar a ele na confiança no Deus que ressuscita os mortos, conforta os aflitos e confia a vasos frágeis a glória do evangelho.

Capítulo 10
O legado duradouro e a relevância contemporânea de 2 Coríntios

Ao longo de seus treze capítulos, 2 Coríntios conduz os leitores por uma jornada emocional e espiritualmente intensa — da dor à consolação, do conflito à reconciliação, da fraqueza à força divina. Como carta histórica, reflete os desafios do ministério cristão primitivo, a fragilidade dos relacionamentos apostólicos e as tensões culturais que moldaram o mundo mediterrâneo do primeiro século. Mas 2 Coríntios é muito mais do que um artefato histórico. Ao longo dos séculos, tem falado poderosamente à igreja, oferecendo discernimento, inspiração e correção. Nos dias atuais, sua mensagem permanece notavelmente relevante.

Este capítulo final explora o legado duradouro de 2 Coríntios, com foco em seu impacto na espiritualidade cristã, no ministério pastoral, na teologia e na ética social. Numa época em que muitos cristãos vivenciam desânimo, desilusão ou divisão — seja em suas vidas pessoais, em suas igrejas ou na cultura em geral — 2 Coríntios oferece um evangelho de graça, resiliência e esperança transformadora. Convoca a igreja não apenas a crer em Cristo, mas a ser moldada pela cruz em meio às dificuldades, conflitos e fraquezas.

2 Coríntios e a Formação da Identidade Cristã

Uma das contribuições mais significativas de 2 Coríntios é sua visão do que significa ser um seguidor de Cristo — não em termos abstratos, mas na realidade concreta do sofrimento, da tensão relacional e da fraqueza. Paulo resiste repetidamente a marcadores superficiais de sucesso e status. Em vez disso, ele oferece um retrato da identidade cristã moldada pela honestidade, dependência da graça e transformação contínua.

Isso é especialmente importante no clima cultural atual, que frequentemente equipara valor a conquistas, aparência ou influência. Nesse contexto, 2 Coríntios convoca os crentes a retornarem a uma identidade contracultural fundamentada em Cristo, não em realizações pessoais ou imagem pública. Paulo lembra seus leitores de que carregamos "este tesouro em vasos de barro" (4:7) — vasos frágeis aos quais foi confiada uma mensagem inestimável. Em vez de tentar esconder nossa vulnerabilidade, somos convidados a aceitá-la como o próprio lugar onde o poder de Deus se revela.

Além disso, a ênfase da carta na nova criação (5:17) continua a ressoar profundamente tanto em contextos pessoais quanto comunitários. Em Cristo, os crentes não são definidos por fracassos passados, lutas atuais ou status social, mas pela obra transformadora de Deus. Essa identidade como nova criação capacita os crentes a viver de forma diferente — com humildade, esperança e coragem diante da pressão.

Um modelo de ministério em um mundo fragmentado e frágil

Outro legado duradouro de 2 Coríntios é sua visão do ministério cristão. Ao contrário dos modelos de liderança polidos promovidos na sociedade greco-romana — ou, aliás, em alguns cantos do cristianismo contemporâneo — Paulo não se apresenta como um empreendedor carismático, um especialista religioso ou um líder invulnerável. Em vez disso, ele descreve seu ministério como um caminho de sofrimento, reconciliação, transparência e dependência do poder de Deus.

Este modelo é imensamente valioso para a igreja hoje, especialmente em uma época de desilusão generalizada com a liderança — tanto dentro quanto fora da igreja. Em um mundo moldado por plataformas, gerenciamento de imagem e cultura de celebridades, a recusa de Paulo em se vangloriar de qualquer coisa que não seja sua fraqueza (11:30) se destaca. Seu exemplo desafia pastores, professores e líderes leigos a liderar com humildade, servir com integridade e incorporar o evangelho na vulnerabilidade.

Em contextos de esgotamento, fracasso moral ou declínio institucional, 2 Coríntios oferece uma palavra de cura e restauração: o ministério cristão não se trata de perfeição ou controle, mas de testemunho fiel em meio à fragilidade. Afirma que a fraqueza não é uma desqualificação para o ministério, mas um sinal que aponta para a graça e a suficiência de Deus. A teologia da fraqueza de Paulo, longe de ser teórica, torna-se uma tábua de salvação para aqueles que servem em circunstâncias difíceis ou desanimadoras.

A Teologia da Reconciliação em uma Era Dividida

A visão de reconciliação de Paulo em 2 Coríntios fala poderosamente a um mundo marcado pela divisão — racial, política, econômica, relacional e espiritual. No capítulo 5, Paulo escreve que Deus nos reconciliou consigo mesmo por meio de Cristo e nos confiou o "ministério da reconciliação" (5:18-20). Essa reconciliação não é apenas vertical (entre a humanidade e Deus), mas também horizontal — restaurando relacionamentos entre pessoas, comunidades e até mesmo entre culturas e gerações.

Essa visão tem implicações profundas na forma como os cristãos lidam com conflitos, injustiças e divisões hoje. Numa época em que a polarização parece definir o discurso público e as igrejas frequentemente refletem as mesmas fraturas encontradas na sociedade, o chamado de Paulo para sermos "embaixadores de Cristo" desafia os fiéis a serem agentes de cura em vez de perpetuadores da hostilidade. A reconciliação exige mais do que slogans ou paz superficial; exige confronto honesto, profunda humildade, perdão e justiça enraizada no Evangelho.

Isso não significa ignorar as verdadeiras causas da divisão — sejam elas teológicas, éticas ou sistêmicas —, mas sim abordá-las com um compromisso cristocêntrico de reparação e restauração. A própria vulnerabilidade de Paulo em buscar a reconciliação com os coríntios torna-se um modelo para o engajamento na reparação relacional, mesmo quando esta é difícil, custosa ou mal compreendida.

Sofrimento, Consolação e Vida Espiritual

Poucos textos bíblicos falam de forma mais honesta ou pastoral sobre sofrimento e consolação do que 2 Coríntios. Desde o início da carta, Paulo descreve Deus como "o Pai das misericórdias e o Deus de toda consolação, que nos consola em todas as nossas tribulações" (1:3-4). Ao longo da carta, Paulo compartilha suas próprias aflições — incluindo angústia interna, perigo físico e tensão emocional — não para despertar piedade, mas para testemunhar a graça sustentadora de Deus.

Isso fez de 2 Coríntios um texto essencial para os cristãos em tempos de perda, perseguição, doença ou depressão. Ele dá voz à dor sem vergonha. Afirma que a vida espiritual inclui não apenas alegria e paz, mas também desespero, confusão e anseio. No entanto, mesmo nos momentos mais sombrios, Paulo insiste, há esperança — porque o Deus que ressuscitou Jesus dos mortos ainda está em ação (1:9-10; 4:14).

Para muitos crentes hoje — especialmente aqueles em contextos de sofrimento, trauma ou marginalização — 2 Coríntios oferece uma espiritualidade de resiliência e lamentação, enraizada na cruz e animada pelo Espírito. Lembra à igreja que consolação não é a ausência de sofrimento, mas a presença de Cristo em meio a ele, e que o cuidado pastoral deve incluir tanto profunda empatia quanto firme esperança escatológica.

Generosidade do Evangelho e Justiça Econômica

A teologia da doação em 2 Coríntios 8–9 permanece altamente relevante em conversas sobre riqueza, pobreza, mordomia e justiça. Paulo apresenta a doação não como obrigação ou caridade, mas como um ato de graça, modelado na generosidade de Cristo: "Sendo rico, por amor de vocês se fez pobre, para que por sua pobreza vocês se tornassem ricos" (8:9).

Em um mundo marcado por vasta desigualdade econômica e disparidade social, a visão de generosidade de Paulo desafia tanto indivíduos quanto instituições. Ela convida os cristãos a reformularem sua compreensão do dinheiro — não como propriedade privada a ser guardada, mas como um presente a ser administrado para o bem dos outros. O princípio da igualdade (8:13-15), enraizado na história do maná no Êxodo, afirma que a economia de Deus não se baseia na acumulação, mas na provisão mútua.

Na ética e nas missões cristãs contemporâneas, isso tem implicações de longo alcance. Seja em parcerias globais, desenvolvimento comunitário ou ajuda mútua na Igreja, 2 Coríntios convida a Igreja a promulgar o Evangelho por meio da solidariedade econômica, não a partir de uma posição de superioridade, mas de graça compartilhada e necessidade mútua. Essa teologia da doação também oferece uma correção ao consumismo e à teologia da prosperidade, ao enraizar a generosidade no amor abnegado de Cristo, em vez da bênção transacional.

Uma palavra para a Igreja em crise

Em sua essência, 2 Coríntios é uma carta escrita em meio a uma crise — relacional, teológica, emocional e comunitária. Ela se dirige a uma igreja que não compreendeu seu líder, questionou seu chamado e lutou com vozes conflitantes. Paulo, por sua vez, responde não com manipulação ou triunfalismo, mas com profunda honestidade, profunda esperança e uma visão do ministério evangélico moldado pela cruz.

Em muitos aspectos, a igreja moderna enfrenta desafios semelhantes. A confiança em declínio nas instituições, a confusão teológica, o esgotamento pastoral, a desilusão com a liderança e as tentações de um ministério orientado para o desempenho são realidades presentes. Nesse contexto, 2 Coríntios surge como uma palavra oportuna e atemporal. Ela oferece um caminho não de fuga, mas de perseverança fiel, humildade radical e amor reconciliador.

Seu legado duradouro se encontra não apenas na doutrina, mas também no testemunho de um modo de ser cristão — um modo marcado pela transparência, graça e esperança cruciforme. Desafia cada geração da igreja a fazer perguntas difíceis sobre que tipo de líderes seguimos, em que tipo de poder confiamos e que tipo de evangelho vivemos.

Conclusão: Um Evangelho para os Fracos e Cansados

A Segunda Carta aos Coríntios não resolve todas as tensões nem oferece soluções fáceis. É, por natureza, uma carta marcada por paradoxos — vida na morte, força na fraqueza, poder no sofrimento, glória na humildade. No entanto, em suas próprias contradições, oferece uma das visões mais convincentes e realistas da vida cristã no Novo Testamento.

Ler bem 2 Coríntios é encontrar um evangelho que nos encontra em nossa fraqueza e a transforma em testemunho de graça. É ouvir a voz de um apóstolo que andou pelo fogo e ainda proclama que o poder de Deus é suficiente. E é receber um convite: carregar a vida de Jesus em nossos corpos mortais, ministrar a partir de um lugar de integridade e vulnerabilidade, e crer que, mesmo quando pressionados de todos os lados, não somos esmagados (4:8).

Em todas as épocas — e especialmente na nossa — a igreja precisa desta carta. Sua mensagem perdura porque sua verdade é eterna: "A minha graça te basta, pois o poder se aperfeiçoa na fraqueza" (12:9). Esse é o legado duradouro de 2 Coríntios. E essa é uma boa notícia.

Estudiosos contemporâneos e influentes em 2 Coríntios e estudos paulinos

Ernest Best
Obra-chave: *Second Corinthians (Black's New Testament Commentary)*
Contribuição: Um comentário clássico, focado no texto, que continua sendo um elemento básico no trabalho acadêmico sobre 2 Coríntios, especialmente por sua atenção à estrutura e ao contexto histórico.

Raymond F. Collins
Obra-chave: *Second Corinthians (Sacra Pagina)*
Contribuição: Oferece uma leitura literária e pastoral equilibrada da carta, explorando as estratégias retóricas e as preocupações teológicas de Paulo em detalhes acessíveis.

Victor Paul Furnish
Obra-chave: *II Corinthians (Anchor Bible)*
Contribuição: Uma obra fundamental nos estudos sobre 2 Coríntios, especialmente influente em discussões sobre sofrimento, integridade no ministério e a possível natureza composta da carta.

David E. Garland
Obra principal: *2 Corinthians (New American Commentary)*
Contribuição: Combina sensibilidade pastoral com profundidade exegética, envolvendo a teologia de Paulo sobre dificuldades, liderança ética e reconciliação.

Beverly R. Gaventa
Principais obras: Vários ensaios sobre a teologia paulina
Contribuição: Conhecido por enfatizar a agência divina e os motivos apocalípticos na teologia de Paulo — temas-chave para entender 2 Coríntios 5 e a visão da "nova criação".

Scott J. Hafemann
Principais obras: *Paul, Moses, and the History of Israel; 2 Corinthians* (NIV Application Commentary)
Contribuição: Profundamente envolvido com 2 Coríntios 3 e com a visão de Paulo sobre a nova aliança e o ministério do Espírito. Combina análise teológica com aplicação pastoral.

Frank J. Matera
Obra-chave: *II Corinthians: A Commentary* (New Testament Library)
Contribuição: Um tratamento teológico e exegético amplamente respeitado, particularmente forte nos temas de graça, reconciliação e sofrimento apostólico de 2 Coríntios.

Mônica Jyotsna Melanchthon
Obra-chave: "Rejection by God?" in *Dalit Theology in the Twenty-First Century*
Contribuição: Interpreta 2 Coríntios através das lentes da teologia Dalit, destacando seus temas de resiliência e consolação divina diante da marginalização.

Margaret M. Mitchell
Obra-chave: *Paul and the Rhetoric of Reconciliation*
Contribuição: Um estudo retórico-crítico seminal dos capítulos 1 a 9, mostrando a construção estratégica de Paulo de seu apelo à comunidade coríntia.

J. Louis Martyn
Trabalho principal: *Theological Issues in the Letters of Paul*
Contribuição: Embora focada em Gálatas, a leitura apocalíptica de Martyn influenciou fortemente as interpretações de 2 Coríntios, especialmente em torno da teologia da nova criação e da iniciativa divina.

JG Muthuraj
Obra-chave: *The Persecution of Christians in India: Theological Responses*
Contribuição: Baseia-se em 2 Coríntios para refletir sobre o sofrimento cristão, a reconciliação e a resiliência em contextos hostis ou perseguidos.

Federico Alfredo Roth
Obra-chave: *The Letter and the Spirit: Discerning God's Will in a Complex World*
Contribuição: Um teólogo argentino cujo trabalho teológico aborda a dicotomia lei-Espírito de Paulo em 2 Coríntios 3 e suas implicações para a ética cristã.

Angukali Rotokha
Trabalho principal: Colaborador do *South Asia Bible Commentary*
Contribuição: Fornece uma visão contextual de 2 Coríntios a partir de uma perspectiva teológica do sul da Ásia, com foco em liderança, confiança e cuidado pastoral.

RS Sugirtharajah
Principais obras: *Asian Biblical Hermeneutics and Postcolonialism; Postcolonial Criticism and Biblical Interpretation*
Contribuição: Uma figura importante nos estudos bíblicos pós-coloniais, cujo trabalho desafiou leituras eurocêntricas e informou interpretações contextuais de 2 Coríntios.

Ben Witherington III
Obras Principais: *Conflict and Community in Corinth*
Contribuição: Traz uma abordagem sócio-retórica a 2 Coríntios, iluminando a dinâmica de honra e vergonha e as tensões culturais subjacentes aos apelos de Paulo.

Sze-kar Wan
Obra-chave: *Power in Weakness: The Second Letter of Paul to the Corinthians*
Contribuição: Um acadêmico sino-americano que expõe o paradoxo da força por meio da fraqueza, com sensibilidade ao contexto histórico, retórico e teológico.

KK Yeo (Khiok-Khng Yeo)
Obras-chave: *What Has Jerusalem to Do with Beijing?; Musing with Confucius and Paul*
Contribuição: Faz a ponte entre as tradições filosóficas chinesas e a teologia paulina, oferecendo leituras interculturais de 2 Coríntios e suas implicações éticas para a vida comunitária.

Conclusão

Os estudiosos listados acima representam uma notável amplitude de contribuições ao estudo de 2 Coríntios — provenientes de diversas origens culturais, abordagens metodológicas e compromissos teológicos. Juntos, eles iluminaram a arte retórica, a profundidade teológica e a urgência pastoral da carta, ajudando os leitores a vê-la não apenas como uma relíquia do cristianismo primitivo, mas como uma palavra vibrante e viva que continua a falar à igreja hoje.

O trabalho deles nos desafia a abordar 2 Coríntios com um olhar renovado — um olhar informado não apenas pela história e pela exegese, mas também pela empatia, pela consciência global e pela imaginação teológica. Seja lidando com temas como liderança, sofrimento, reconciliação ou poder divino na fraqueza, esses estudiosos ajudam a desvendar a relevância duradoura das palavras de Paulo para questões contemporâneas sobre identidade, ministério, justiça e a forma da vida cristã.

Em uma era marcada por divisão, fadiga e complexidade cultural, 2 Coríntios e seus intérpretes oferecem um evangelho de esperança — não porque tudo esteja resolvido, mas porque a graça de Deus é verdadeiramente suficiente. Esses estudiosos nos convidam não apenas a compreender 2 Coríntios, mas a deixar que ele molde nossa maneira de viver, liderar e crer.